En finir avec le gâchis des mètres carrés

Diplômée d'histoire et de science politique, Éléonore Slama a été pendant cinq ans collaboratrice en cabinet ministériel et, en particulier, cheffe de cabinet de la ministre de l'Éducation nationale, de l'Enseignement supérieur et de la Recherche.

Après plus de quinze ans d'expériences professionnelles dans l'action publique et le service de l'État, elle évolue depuis 2020 dans le secteur privé et a récemment fondé sa société : OSES.

Parallèlement élue locale depuis 2014, elle a fait de la lutte contre le gaspillage immobilier un de ses combats. Elle pilote un groupement d'acteurs publics et privés qu'elle a constitué et dont la mission consiste à intensifier les usages des bâtiments et des espaces de nos territoires.

Ce groupement a créé le premier indicateur universel pour mesurer l'usage des bâtiments (www.intensiscore.fr), accompagné d'un guide concret pour intensifier leurs usages, et il est à l'initiative de projets pilotes dans toute la France.

Pour plus d'informations : www.m2intenses.com

ISBN 978-2-84398-864-6

ÉLÉONORE SLAMA

EN FINIR AVEC LE GÂCHIS DES MÈTRES CARRÉS

PLAIDOYER

POUR L'INTENSITÉ D'USAGE

Éditions Apogée

À Sasha et Octave

« Le futur appartient à ceux qui croient
à la beauté de leurs rêves. »

Eleanor Roosevelt (1884-1962)
The Autobiography of Eleanor Roosevelt,
Harper & Brothers, 1961.

SOMMAIRE

PRÉFACE

Vivre et produire sans nous détruire, équation impossible du siècle ? Face au péril climatique et à la montée des inégalités, la sobriété est devenue un impératif. Sans souhaiter renoncer aux conditions de vie et de bien-être permises par ce siècle matérialiste, nos sociétés sont aujourd'hui pourtant contraintes de se réinventer en abandonnant progressivement la consommation massive en lieu et place d'une utilisation durable et intense. Dans cette affaire, le temps et l'espace ne sont pas neutres et les mètres carrés qui composent les bâtiments de nos territoires ne font pas exception. Ils sont peut-être aussi une clé inattendue. Une clé pour vivre mieux. Car pour faire face aux défis qui s'annoncent, nous ne devons plus construire pour construire, mais construire mieux et utiliser plus. Intensifier les usages des bâtiments et des espaces de nos territoires, c'est aussi les partager, donc se croiser, se rencontrer, et renouveler les écosystèmes sociaux. L'urgence est là. Nous ne pouvons pas attendre que les villes soient trop chaudes pour pouvoir y vivre, comme nous ne pouvons attendre que les inégalités explosent et que les fossés entre les hommes soient plus grands encore pour réagir. C'est bien de la France, de son souffle, de son dynamisme, de sa croissance et de sa cohésion sociale dont il est ici question. Toute ma vie j'ai prôné face aux contraintes financières, culturelles, psychologiques, créées par une situation d'enclavement, de mettre au cœur de la politique de la ville, la rencontre, l'échange, le partage avec l'Autre. Je crois à la cohésion des territoires comme à la puissance de la sobriété créatrice. Il ne saurait y avoir de politique de vivre ensemble et de lutte contre l'exclusion sans une politique résolue permettant à chacun d'aller à la rencontre de l'Autre. Car se connaître, c'est avoir l'opportunité de mieux se comprendre, et faire basculer les préjugés et les peurs. L'altérité, la mixité sont une chance pour notre pays et font sa richesse. Travailler à la cohésion des territoires et réfléchir à la politique de la ville doit donc impérativement prendre en compte cette nécessité de tisser des liens pour briser l'enclavement. Et cela, Éléonore Slama l'a bien compris : elle développe dans ce plaidoyer l'intérêt que pourrait avoir l'intensification des usages pour faire commun et refaire société. L’urgence est à nos portes. Le projet républicain est menacé par l’enfermement, l’exclusion, le repli sur soi. Bien trop souvent l’altérité n’est traitée qu’à travers un prisme médiatique anxiogène, et elle fait les beaux jours des positions politiques les plus extrêmes. Et la radicalité croissante des opinions nous mène droit dans une impasse. L’heure est venue de rebâtir un projet de société audacieux et désirable qui allie écologie et cohésion sociale. L’intensification des usages peut y participer et nous faire passer du temps des divisions, des fractures et des ruptures au temps des liens et des communs. Faute d’agir, la série des désenchantements et des tensions sociales ne cessera de s’accroître.

J’appelle aujourd’hui à la mise en place de politiques spatiales de la relance pour renouveler l’aménagement de nos territoires et retisser le lien social en retravaillant le tissu urbain.

Nos capacités de redressement sont gigantesques si la feuille de route est claire et que chacun y prend sa part. Il faut un diagnostic, une vision, un chemin, une méthode aussi. La mienne est connue et n’a jamais varié : briser les silos, casser les tris, les séparatismes, encourager la recherche de consensus en associant l'ensemble du corps social quand d'autres s'obstinent à préférer opérer un tri. Si l’État a un rôle à jouer dans la sensibilisation et la réglementation à l’échelle nationale, les initiatives locales, publiques ou privées, sont indispensables. La fabrique des territoires de demain nécessite la mobilisation de tous, et les défis qui sont les nôtres nous imposent de nous réinventer, ensemble. La société est bien trop souvent plus réceptive à la rhétorique de la fracture qu'aux initiatives positives qui peuvent émerger en son sein. Si nous parvenons à former une coalition, nous pourrons venir réparer les fissures des crises multiples et durables que nous traversons.

J'ai la conviction absolue qu'il y a suffisamment de ressources, de volonté et d'intelligence dans tous les milieux économiques, sociaux, associatifs, politiques pour prendre à bras-le-corps les défis qui sont devant nous et transformer la situation dramatiquement enkystée dans laquelle le pays se trouve en épopée et en dynamique positive. Éléonore Slama, avec le groupement d'acteurs publics et privés qu'elle a créé et fédéré pour révolutionner l'usage de nos espaces et avec maintenant ce brillant plaidoyer, trace un chemin. Elle transmet ici un élan, étincelle nécessaire pour lancer la dynamique et avancer ensemble pour trouver des réponses à plusieurs grands défis de notre époque.

La République solidaire a besoin d'une armée. L'heure n'est plus aux rapports d'experts, l'heure est à l'action. Il ne s'agit plus de comprendre ou d'expliquer, mais d'agir. Des initiatives émergent, donnons-leur de l'ampleur !

Jean-Louis Borloo
ancien ministre d'État

INTRODUCTION

Lors d'une soirée en famille ou entre amis, faites le test : lancez comme thème de conversation le sujet du « gaspillage ». À coup sûr, certains avoueront un peu penauds que leur penderie est remplie de vêtements, de chaussures ou de sacs qu'ils ne mettent presque jamais. D’autres évoqueront la dernière grève des éboueurs qui nous a donné à voir les quantités astronomiques de produits encore « consommables » mis aux ordures et leurs tonnes d’emballages inutiles. Certains encore râleront contre l’argent « jeté par les fenêtres » par nos gouvernants pour mettre en place telle ou telle politique publique qui ne leur semble pas pertinent. Quand les derniers ne décoléreront pas en racontant en détail le scandale de l'obsolescence programmée de leur objet électronique préféré. Mais à n'en pas douter, personne ne devrait parler du gaspillage de nos mètres carrés. Pourtant, partout sur le territoire, dans plus de 70-80 % du temps, les lieux que chacun de nous fréquente au quotidien (écoles, bureaux, équipements publics...) sont vides. Il ne s'y passe rien et personne ne les utilise. Cela surprendrait-il vos convives ?

Si le fait de gaspiller les mètres carrés n'est pas nouveau, personne ou presque n'a réellement pris la mesure de ce gâchis. Aujourd'hui pourtant, la crise climatique nous prouve qu'il est devenu urgent d'agir. Et pour cela, de prendre conscience des conséquences nocives du gaspillage des mètres carrés sur l'environnement. Ainsi, bien que de nombreux espaces soient sous-utilisés, on déplore cependant une augmentation importante de l'étalement urbain et une artificialisation accrue des sols.

« Tous les ans, entre 20 000 et 30 000 hectares de sols agricoles, naturels ou forestiers changent d'usage en France pour accueillir l'extension de nos espaces urbains. Ce sont quatre à cinq stades de foot toutes les heures ! » (*Réparons la ville !*, Leconte, Grisot, 2022). « La part globale que représentent les surfaces artificialisées a ainsi augmenté de 70 % depuis 1981, tandis que la population française n'a augmenté que de 19 % : cette asymétrie est une preuve, s'il en était besoin, que l'étalement urbain est disproportionné[1] ». Or, l'artificialisation des sols entraîne d'importants dommages environnementaux. Elle menace la biodiversité, augmente les émissions de CO_2, accentue les phénomènes d'inondation et d'érosion, réduit la surface de la production agricole, etc. : l'industrie de la ville est bien l'une des plus polluantes au monde.

On nous le rabâche, la planète brûle. Les inégalités s'accroissent. Notre société se disloque. Les individualismes triomphent et nous n'arrivons plus à faire commun. Envie d'agir ? Oui, mais comment ? Face à l'immensité de la tâche, beaucoup d'entre nous, moi la première, se sentent perdus. Complètement perdus. Spectateurs médusés comme anesthésiés par le défi à mener et la fin inévitable du film devenu catastrophe de l'Humanité. Angoissés aussi, en particulier quand je pense dans quelles conditions mes enfants risquent de vivre. Sous une chaleur écrasante. Dans un monde où l'air est irrespirable et l'eau, une ressource rare. Dans un monde où les phénomènes climatiques imprévisibles tournent à la loterie de la mort, et où les inégalités qui nous étouffent attisent les haines et perturbent l'ordre mondial.

Mais comment passer de ce sursis anxiogène au sursaut salvateur ? Dans la bataille à mener, rien ne sera inutile. Si les efforts individuels sont nécessaires

---

1. Bouygues Construction, *Espaces hybrides, villes en transition*, 2021.

pour « faire sa part », ils ne sont pas suffisants[2]. Néanmoins, comme aime à le répéter le politologue et chercheur François Gemenne, le changement climatique n'est pas un problème binaire où la bataille serait gagnée ou perdue. C'est un problème graduel où chaque petit dixième de degré supplémentaire fera une énorme différence dans les dégâts et les souffrances qui en résulteront aux quatre coins de la Terre. Ce qui veut dire qu'il n'y a absolument aucune action contre le changement climatique qui soit inutile. Une bonne manière de lutter contre le découragement et la désespérance ! Oui, ce n'est pas parce que l'Inde, les États-Unis ou la Chine polluent plus que la France peut se passer d'efforts. Au même titre, ce n'est pas parce que les États sont défaillants (ne renonçons jamais à les faire évoluer !) qu'il faut nous-mêmes renoncer aux efforts individuels. Aux « minorités déterminées » de porter les « grands changements » de société[3]. Et si intensifier les usages des mètres carrés de nos villes faisait partie de ceux-là ?

Lutter contre le gaspillage immobilier est une obsession qui me vient de loin[4]. Mais c'est la crise du Covid et le confinement qui vont jouer en moi un rôle

2. Ces « petits pas » pèsent à hauteur de « 25 % de l'effort nécessaire » selon de nombreuses sources.
3. Conférence de François Gemenne (https://www.land.lu/page/article/606/339606/DEU/index.html).
4. En 2008, je commençais à effleurer le sujet, alors stagiaire au cabinet de la première adjointe au maire de Paris en charge du bureau des temps.

de déclencheur et renforcer ma volonté de remédier à ce gaspillage. Une France alors mise à l'arrêt qui révélera les inégalités de logement mais aussi la manière dont nous utilisons — ou pas — les mètres carrés à notre disposition. Avec des questions simples : comment se confiner quand on est SDF et qu'on n'a pas de « chez soi » ? Et dans le même temps, tant de locaux, bureaux, hôtels, commerces désespérément vides. Cette pandémie aura ainsi au moins eu l'intérêt de faire éclater au grand jour, dans un monde confiné, « la valeur » des mètres carrés et en miroir l'absurdité de notre gâchis d'espaces[5]. Dans un cri de colère, adjointe en charge du logement, de la lutte contre les inégalités et contre l'exclusion dans le 12e arrondissement de Paris, je publie une tribune dans la presse, réalise une vidéo pour les réseaux sociaux dans le seul but de « récupérer » des locaux pour loger ce public si fragile et particulièrement exposé que sont les sans-abri. J'écris un courrier à tous les hôteliers de mon territoire pour les sensibiliser et les enjoindre de nous aider.

Jeune collaboratrice ministérielle et élue locale, j'avais aussi déjà éprouvé le sujet du partage des locaux lors de la mise en place de la réforme des rythmes scolaires. J'avais alors pu constater le potentiel trésor sur lequel nous étions assis mais aussi les difficultés très concrètes de mise en œuvre comme les

---

5. Julien Damon, *Inconfinables ? Les sans-abri face au coronavirus*, Éditions de l'Aube, 2020.

réticences de certains personnels à faire bénéficier un autre public de « leurs locaux ».

Le partage des espaces est un thème « vieux comme le monde ». La question des temps, et singulièrement des temps courts, n'est donc pas nouvelle dans la pensée de la ville. Cela fait des années que de nombreux acteurs travaillent sur ces questions. Mais si elle fait jusqu'ici des apparitions régulières dans le débat de ce secteur très spécifique, elle ne transforme pas structurellement les pratiques et n'infuse pas largement dans la société. Elle est à la fois courante et finalement peu développée ni structurée. Force est aujourd'hui de constater que les choses évoluent mais à une vitesse d'escargot. Pourquoi ? A-t-on réellement pris la mesure des bénéfices de l'intensification des usages de nos espaces ? Comment changer les esprits, vaincre l'inertie et inciter à agir ?

Intensifier les usages des bâtiments et des espaces de nos villes fait appel à une nouvelle « grammaire » qui réclame d'être expliquée. Prendre le temps de comprendre les enjeux sous-jacents et les bénéfices importants d'un changement de paradigme. Changer de regard et se forger une nouvelle culture de nos espaces. Donner des clés pour réorienter son action et l'aligner sur cette nouvelle vision des mètres carrés de nos villes. Mettre également les pieds dans le plat de certains débats qui gravitent autour de ces sujets et qui agitent aujourd'hui le monde de la fabrique de la ville. La présente publication tentera de le faire.

Les freins et les obstacles à un usage plus intense de nos mètres carrés sont réels, mais dépassables. Si sur ces sujets rien est à inventer, tout reste à faire. L'enjeu, c'est la massification, le passage à l'échelle. Là est la révolution. L'heure est aujourd'hui venue d'optimiser les mètres carrés, de changer de regard sur leur utilisation et d'aménager les temps pour gagner de l'espace. Alors, suivez-moi au cœur d'un des plus grands gâchis du XXIe siècle. Un gâchis dont personne ne parle mais dont l'atténuation laisse entrevoir un trésor. Celui de nous permettre de vivre mieux ensemble.

LE GASPILLAGE DES MÈTRES CARRÉS EN VILLE

Définition

Gaspiller[6] :

1. Faire un mauvais emploi de quelque chose, de telle sorte qu'il se perd en partie : *Gaspiller la nourriture.*

2. Dépenser inutilement, follement ; dilapider : *Gaspiller un héritage.*

Synonymes : claquer (familier) - croquer (familier) - dilapider - dissiper - prodiguer.

Contraire : économiser.

3. Faire un emploi désordonné, sans profit de quelque chose ; gâcher : *Gaspiller sa jeunesse.*

Synonymes : gâcher - galvauder - perdre.

---

6. Définition du dictionnaire Larousse.

Le terme « gaspillage » est souvent spontanément associé au geste de jeter, et en particulier la nourriture. Pacte national, campagnes de communication, mobilisation citoyenne… Fortement médiatisée et encadrée par les pouvoirs publics, cette question du gaspillage alimentaire a fait du chemin et est aujourd'hui dans tous les esprits.

La lutte contre le gaspillage de l'eau, de l'énergie ou encore de celui des objets commence également à s'imposer et c'est tant mieux ! En janvier 2019, la diffusion d'un reportage de l'émission *Capital* de M6 sur le gaspillage industriel et la destruction de produits neufs vendus sur des plateformes en ligne avait fait scandale, suscitant la réaction de nos dirigeants au plus haut niveau de l'État. Détruire ou brûler les stocks d'invendus, qui était hier encore une pratique courante, n'est plus admis. Mieux : une loi interdit désormais en France aux professionnels de jeter ou brûler les vêtements[7]. Une autre introduit[8] plusieurs mesures pour réduire la pollution engendrée par la « fast fashion » ou « mode jetable ». C'est bien. Mais à quand une prise de conscience du gaspillage immobilier ? Pourquoi, dans un contexte de lutte contre le changement climatique et contre l'artificialisation des sols, bien que de nombreux espaces urbains soient aujourd'hui massivement sous-utilisés, cette

7. Article 45 de la loi AGEC créant un article L541-11-8 dans le Code de l'environnement.
8. Proposition de loi visant à réduire l'impact environnemental de l'industrie textile n° 2129, 2024.

question passe-t-elle encore sous les radars ? Une prise de conscience de l'ensemble des acteurs de la fabrique de la ville et en particulier des élus, mais aussi des médias et des citoyens, semble aujourd'hui indispensable.

Mais de quoi parle-t-on concrètement ? Qu'est-ce que le gaspillage immobilier ?

Il recouvre de multiples facettes. Il se caractérise bien sûr par « les espaces laissés vacants, ou les espaces abandonnés qui ont été construits et ont fait l'objet d'une activité : friches industrielles, bureaux, locaux commerciaux ou logements inoccupés ». Tous les types d'espaces sont concernés. Cette vacance est « un phénomène multicausal, protéiforme et transterritorial qui se massifie » (*La Ville inoccupée. Enjeux et défis des espaces urbains vacants*, Arab, Miot, 2021).

De manière moins évidente, le gaspillage des mètres carrés concerne aussi les bâtis exploités en dessous de leur capacité durant certaines heures du jour mais aussi la nuit et/ou durant certaines périodes de l'année comme les vacances scolaires. Ces « temps morts » sont autant d'opportunités pour accueillir plus d'usages sans que l'on soit tenu de construire pour les abriter. Ce gaspillage s'exprime alors par le taux d'utilisation, à savoir la part du temps durant laquelle le site est utilisé par des usagers. Il est à mettre en rapport avec le taux d'occupation, c'est-à-dire la part des personnes réellement présentes sur un site à un instant T.

Si le sujet de la vacance des espaces est bien connu, celui de la sous-utilisation massive de nos mètres carrés reste très peu traité.

Pourquoi tant de gâchis ?

Les facteurs à l'origine de la sous-utilisation des mètres carrés comme ceux de la vacance sont nombreux, et le phénomène ancien. Ce dernier traverse l'histoire de nos territoires au gré des innovations technologiques, des mutations sociales et environnementales qui transforment notre façon de vivre et donc de concevoir nos bâtiments et nos espaces.

Durant de nombreuses années, les villes ont été construites avec des objets à usage unique. Des décennies à penser la ville par spécialisation, avec des bâtiments monofonctionnels conçus pour un besoin spécifique. Des générations d'élus bercés par cette « doctrine » absurde du grand bâtiment public totémique à usage unique — aux conséquences pourtant néfastes sur l'étalement urbain — et faisant la part belle à la voiture dans l'aménagement des territoires. Tant de maires réjouis de bâtir ici, une école, un gymnase, là, un immeuble de logements ou de bureaux sans même se soucier vraiment de leur intensité d'usage.

Cette séparation des fonctions et son mantra « un bâtiment, un usage » sera pendant longtemps un des principes ordonnateurs de la ville moderne. Or, il n'est plus à démontrer que les espaces monofonctionnels sont condamnés à rester inutilisés à certains moments de la journée, de la semaine ou de l'année. *A contrario*, un bâtiment ou un quartier mixte, en accueillant une pluralité d'usages et d'usagers, est davantage propice à être utilisé de manière plus intense.

Qui plus est, les usages évoluent, et les espaces qui ont été conçus pour refléter la manière de vivre de leur époque ne correspondent parfois plus aux enjeux et besoins actuels. Et les évolutions qui chamboulent nos modes de vies sont encore et toujours plus rapides. La modification de notre manière de consommer a ainsi fait péricliter les commerces de proximité de cœur de ville au profit des grandes surfaces plus en périphérie, elles-mêmes aujourd'hui éprouvées par la livraison à domicile et plus récemment par les *dark stores* qui se sont développés dans les centres urbains denses. Dans le même ordre d'idée, l'évolution dans la façon que nous avons de travailler a pu rendre obsolètes certains aménagements de bureau avec le numérique (par exemple, la suppression des espaces de rangement) ou le bureau en lui-même avec le télétravail. Oui, vous l'avez peut-être oublié, mais avec l'essor du tout digital, on a fortement réduit notre consommation de papier comme nos échanges par courrier puisqu'on s'envoie maintenant des mails. Ces nouvelles pratiques ont rendu inutiles nombre d'armoires, de salles de stockage et d'archivage, de locaux de photocopieuses, etc. Ces facteurs expliquent — seulement en partie — l'actuelle sous-utilisation des bâtiments existants, conçus sur la base de modèles et de schémas d'usages passés. Lorsque leurs usages changent, il devient nécessaire d'adapter les bâtiments, ce qui peut malheureusement s'avérer fort complexe, voire tout simplement impossible lorsque la construction n'a pas été conçue pour évoluer.

Fort heureusement, la manière de concevoir la ville a évolué. Pour lutter contre les phénomènes de ségrégation socio-spatiale, la mixité fonctionnelle est devenue, depuis la loi d'orientation pour la ville de 1991, un objectif majeur des politiques urbaines. Mais c'est plus au nom d'une « ville du quart d'heure[9] » respectueuse de l'environnement que cette mixité fonctionnelle est maintenant encouragée. Néanmoins, malgré cette tendance pour des villes plus mixtes, selon le Plan Urbanisme Construction Architecture (Puca)[10], « les marchés de l'immobilier continuent à présenter une offre segmentée en fonction de cibles spécifiques (bâtiments tertiaires, logements, commerces...) favorisant leur regroupement dans des

9. La ville du quart a été théorisée par Carlos Moreno. C'est une ville aux distances courtes où l'on trouve tout à proximité.
10. Plan Urbanisme Construction Architecture, « Mixité fonctionnelle versus Zoning : un renouvellement du débat ? », *Le quatre pages*, n° 22, mars 2015.

espaces dédiés ». Ainsi malheureusement, comme le rapporte Bouygues Construction dans son cahier de tendances sur le sujet, « au-delà de certains projets urbains emblématiques qui ont fait de la mixité fonctionnelle un marqueur de leur identité et un facteur de leur réussite, l'hybridation des fonctions ne parvient pas à s'imposer de manière systématique et à grande échelle. À titre d'exemple, dans son analyse des 35 quartiers de gares du Grand Paris Express réalisée en 2019, l'Apur[11] soulignait que « seulement 40 % de la surface des 35 quartiers de gare autorisent en réalité la construction d'une ville mixte : la majorité des terrains sont couverts par un zonage monofonctionnel : habitat collectif, pavillonnaire, équipements, activités, zone naturelle ou agricole... » Et pas une combinaison habitations/commerces/services et activités...

À ces différents phénomènes générateurs de mètres carrés gaspillés s'ajoute bien évidemment celui de la vacance. Si la désindustrialisation a marqué un tournant engendrant de nombreuses friches industrielles, c'est la vacance immobilière, davantage que ces dernières, qui prend de l'ampleur aujourd'hui et touche tous types de territoires. Nous y reviendrons.

11. L'Atelier parisien d'urbanisme (Apur) est une association à but non lucratif dont le but est l'étude et le dialogue avec les grands acteurs de Paris et de la métropole du Grand Paris sur les sujets des évolutions urbaines et sociétales participant à la définition des politiques publiques d'aménagement et de développement (source : Wikipédia).

Quoi qu'il en soit, force est de constater que nous vivons aujourd'hui au cœur d'un gâchis immense. Sans même nous en apercevoir. Et sans agir, ou trop peu.

Entre estimations alarmantes et absence de mesures : la nécessité de révéler ce gâchis au monde

S'il n'existe pas encore de données chiffrées permettant de caractériser « ce gâchis de ville », on peut tout du moins l'estimer. Et l'estimation fait réfléchir.

Prenons une simple illustration : on l'a dit plus haut, avant la pandémie de Covid 19, un immeuble de bureaux révélait déjà un taux d'utilisation médiocre d'à peine 20 à 30 % du temps sur l'année. Cela vous paraît peu ? Pour bien comprendre, faisons ensemble le calcul. Afin de simplifier les choses, prenons l'hypothèse d'une présence assez exceptionnelle d'une personne au bureau de 12 heures par jour (soit 60 heures par semaine). Cela donnerait :

365 jours - 104 jours de week-end - 11 jours de jours fériés (en moyenne) - 25 jours de congé (hors week-end) - 9 jours de RTT (en moyenne) = 216 jours soit un taux d'utilisation de 59,2 %.

Rien qu'en déduisant les week-ends, les jours fériés, les congés et les RTT, le bureau est vide 149 jours par an, soit 40 % du temps sur l'année.

Continuons notre calcul et notre raisonnement :

216 jours - 108 jours correspondant aux heures nocturnes (c'est-à-dire - 12 heures sur 24 heures) = 108 jours d'utilisation sur 365 jours, soit un taux d'utilisation de 29,6 %.

Et si, sur sa présence de 12 heures par jour, le salarié s'absente une heure pour déjeuner, le taux d'utilisation de son bureau passe alors à 27,12 %. S'il fait un total de 40 heures en présentiel par semaine, le taux d'utilisation passe à 19,7 % (8 h/j au bureau). S'il fait 35 heures en présentiel par semaine, le taux d'utilisation passe à 17,2 % (7 h/j au bureau). S'il télétravaille une journée, le taux d'utilisation passe à 13,8 %. S'il télétravaille deux journées, le taux d'utilisation passe à 10,4 %, et ainsi de suite.

Soit un bureau vide à plus de 88 % du temps pour une personne présente au bureau 60 heures par semaine et à plus de 90 % du temps pour un salarié aux 35 heures avec deux jours de télétravail par semaine... Édifiant, non ?

Prenons maintenant l'exemple de l'école. Selon le même type de calcul, son taux d'utilisation est de l'ordre de 20 % du temps. Un taux encore plus faible si l'on s'intéresse par exemple seulement à certaines parties du bâtiment comme les cours de récréation dont le taux d'utilisation plafonnerait autour de 5 %.

Et qu'en est-il du taux d'occupation ? Il est bien souvent très faible également, mais difficile à estimer, les propriétaires et les locataires des différents types d'actifs ne communiquant pas sur le sujet, étant donné la portée négative de ce type de données pour le « business ». Si on prend l'exemple des bureaux, il faut savoir que le taux d'occupation de ces immeubles était déjà en déclin avant la crise sanitaire. La démocratisation du télétravail est bien sûr venue accentuer le phénomène. Mais à quel niveau exactement ? Seuls les propriétaires et les locataires le savent. Il se murmure dorénavant régulièrement que la journée du vendredi est en passe de quasiment devenir « un jour blanc » dans l'entreprise au même titre que le week-end, compte tenu du nombre important de personnes qui télétravaillent ce jour-là.

Si ces estimations en disent long sur les chantiers à mener, elles ne sont que des indications imprécises. C'est d'ailleurs ce qui m'a tout de suite interpellée lorsque j'ai commencé à m'intéresser au sujet du gaspillage immobilier : l'absence de données en la matière. Partielle, inexistante ou contestable, les adjectifs ne manquent pas pour qualifier la métrologie des espaces vacants et *a fortiori* de ceux qui sont sous-utilisés. Aucun indicateur partagé et co-construit n'a encore été développé permettant ainsi de mesurer et d'objectiver de manière globale le gaspillage des mètres carrés. Bref, de donner à voir ce gâchis. En octobre 2022, l'Apur a pourtant tenté quelque chose[12]. S'appuyant sur le postulat qu'un bâtiment vide de présence humaine consomme souvent de l'électricité alors que sa consommation d'eau est quasi nulle, l'Apur a tenté d'éclairer le taux d'usage des bâtiments parisiens pendant le Covid à partir des données de consommation d'eau potable. Une piste intéressante.

L'absence de métrologie de l'usage de nos bâtiments est une faille importante qui a de lourdes conséquences : elle « invisibilise le phénomène, opacifie sa compréhension et obère la mise en place et le développement de stratégies de résorption » (*op. cit.*, Arab, Miot, 2021). Il est donc évident que lutter massivement contre le gâchis de ville suppose d'abord et avant tout de produire une connaissance claire de l'utilisation des différents espaces. Élaborer un langage commun et faire ensuite de cette donnée un critère à part entière de la réglementation environnementale : voilà un chantier prioritaire ! De la transparence pour révéler aux yeux de tous nos marges de progression. De la transparence aussi pour responsabiliser les propriétaires comme les locataires et les inciter à mieux utiliser leurs espaces.

Je suis convaincue que révéler ce gâchis aura nécessairement un effet. Car personne ne pourra dès lors plus dire qu'il ne savait pas.

12. https://www.apur.org/fr/nos-travaux/eau-potable-temoin-taux-usage-batiments-exemple-paris

Et pour éviter les formules incantatoires, ces « y a qu'à », « faut qu'on » qu'on nous assène, j'ai décidé de prendre ma part. J'ai proposé en 2023 à des acteurs du secteur public et du secteur privé, mais aussi à des experts de plusieurs disciplines, de se fédérer en un groupement dont l'ambition est la suivante : créer « la première échelle de mesure de l'intensité d'usage des bâtiments » et offrir un guide de solutions « clés en main » pour mieux utiliser nos mètres carrés. « Des projets pilotes » sont également développés pour donner à voir concrètement une intensification des usages au sein de différents types d'actifs. Il faut prouver qu'intensifier nos espaces est possible.

Ensemble, nous avons ainsi créé un Intensi'Score, imaginé sur le modèle des diagnostics de performance énergétique (DPE) ou du nutriscore, qui permet à chacun en un coup d'œil d'avoir une idée objectivée de l'utilisation d'un espace et de son potentiel d'intensification. Cet outil, disponible en ligne gratuitement, se déploie à plusieurs échelles[13] : un premier niveau à l'échelle du quartier à destination du grand public et des collectivités pour poser un diagnostic, donner envie d'aller plus loin et passer à l'action. Un deuxième niveau cette fois-ci à l'échelle du bâtiment avec des données déclaratives à la portée de tous. Et, enfin, un dernier niveau à destination des professionnels de la

13. Ces différentes échelles n'en sont pas toutes au même niveau de développement, le diagnostic simple (c'est-à-dire celui à l'échelle du bâtiment) étant le plus abouti d'entre elles.

fabrique de la ville et de tous les propriétaires, locataires ou gestionnaires d'actifs, pour identifier finement les opportunités d'intensification des usages des différentes parties qui composent un bâtiment *via* un diagnostic poussé s'appuyant à la fois sur des informations déclaratives et sur des bases de données qualifiées. Avec ces trois niveaux, cet indicateur se veut être un véritable outil d'aide à la décision et de passage à l'action.

Ne vous méprenez pas : l'objectif n'est pas de vilipender les propriétaires ou les locataires d'immeubles peu utilisés mais bien de les inciter à faire mieux, en révélant également leur potentiel d'intensification. Un potentiel plus ou moins important car tous les mètres carrés ne se valent pas. Il n'est en effet pas souhaitable ou pertinent de tout intensifier. C'est le cas par exemple des structures non adaptées à ce type d'exercice comme nos hôpitaux ou des lieux qui accueillent les circulations comme les couloirs, etc.

En matière d'intensité des usages, l'inaction a un coût, même s'il n'est pas apparent. À nous de le mettre en lumière. D'où l'importance de créer un outil de mesure.

Nos connaissances sont un peu plus claires s'agissant de la vacance sans être pour autant exhaustives. Prenons deux exemples : les logements et les friches. L'Inspection générale de l'environnement et du développement durable (IGEDD) explique en 2016 que le parc privé vacant est mal appréhendé par la statistique. Un chiffre prévaut néanmoins : selon l'Insee, notre pays compterait en 2023 plus de 3 millions de logements vacants, soit 8,2 % de logements vides depuis au moins deux ans. Avec l'interdiction progressive à la location des passoires thermiques d'ici au 1er janvier 2028, il y en aura bientôt plus, certains propriétaires n'ayant pas les moyens de faire les travaux nécessaires. Alors que 4 millions de personnes sont mal logées (on compte 2 000 enfants SDF à la rentrée 2024[14]), la remise durable sur le marché de ces logements inoccupés permettrait sans doute de constituer une offre complémentaire dans les territoires tendus, et de se substituer — mais seulement « à la marge » — à la construction neuve de logements.

Les friches, maintenant. Précédemment exploitées puis abandonnées, en attente d'un usage futur encore non défini, elles évoluent en permanence au gré des démolitions, constructions, abandons. L'État a bien compris l'enjeu qu'il y a à les répertorier et y met les moyens : 1 million d'euros est consacré au développement d'outils de connaissance du foncier[15] et d'aide à la reconversion des friches[16] par le Centre d'études et d'expertise sur les risques, l'environnement, la

14. Source : baromètre des enfants à la rue de l'Unicef et de la Fédération des acteurs de la solidarité.
15. Cartofriches, UrbanSimul.
16. UrbanVitaliz.

mobilité et l'aménagement (Cerema) pour soutenir les acteurs de la fabrique de la ville dans l'inventaire des friches, ainsi que dans la réalisation opérationnelle des projets.

Ainsi, si les phénomènes de vacance nous sont plus familiers, leur connaissance reste pourtant parcellaire. Or, ces différentes formes de sous-exploitations des mètres carrés (vacance, friche, sous-utilisation), qui relèvent du gaspillage, sont de manière générale d'autant plus préjudiciables que le manque d'espace et ce qu'il entraîne très concrètement pour les habitants, s'agissant, par exemple, du coût du logement, de l'allongement du temps de transport, de l'artificialisation des sols ou le sentiment d'une densité écrasante, nuisent à la qualité de vie de tous.

Pire, la vacance engendre dévalorisation et dégradation du cadre de vie. Elle participe au sentiment d'insécurité et de mal-être dans la ville. Elle génère également des pertes de revenus pour les propriétaires, alors même que des charges continuent de peser. D'autres charges viennent parfois même s'ajouter, comme la surveillance et la remise en état des locaux. Car un espace non utilisé se dégrade plus rapidement qu'un espace occupé.

Alors, n'est-il pas enfin temps d'arrêter de jeter les mètres carrés par les fenêtres ?

UTILISER INTENSÉMENT LES ESPACES POUR VIVRE MIEUX

L'aménagement du territoire par la chronotopie comme la « réoccupation » des espaces vacants est un « pactole » sur lequel nous sommes assis.

Des bénéfices concrets

L'industrie de la ville, on l'a dit, est la plus polluante au monde. « Elle est au cœur des trois crises du siècle : celles des ressources, de la biodiversité et du climat. C'est l'activité qui consomme le plus de ressources minérales et produit le plus de déchets en France. Le secteur représente environ un tiers des émissions nationales. » (*op. cit.*, Leconte, Grisot,

2022). Et l'extension des villes avec de nouvelles constructions, qui engendre une artificialisation accrue des sols, est à l'origine de bien des maux : biodiversité altérée, inondations, érosions, etc.

Face à cette réalité, de nombreuses initiatives ont vu le jour depuis plus d'une décennie pour réduire l'impact environnemental de l'industrie de la ville et contribuer à l'élaboration de solutions nouvelles : mises en œuvre de modes constructifs moins émetteurs de carbone comme la construction hors site ou le recours moins systématique au béton, l'utilisation de matériaux biosourcés, géosourcés, du réemploi, la gestion de l'énergie, etc. On nous promet ainsi des immeubles bas carbone. C'est même devenu un élément marketing fort. Une entreprise se targue ainsi *via* une campagne de publicité dans la presse de réaliser l'immeuble « le plus nul de Paris », sous-entendant qu'il consomme peu d'énergie. Fort bien, mais même le mètre carré le plus faiblement carboné sera toujours un mètre carré de trop s'il n'est pas ou peu utilisé !

Il devrait ainsi être une évidence. Avant de se lancer dans une construction nouvelle, un diagnostic approfondi devrait être mené pour évaluer sa nécessité en s'appuyant sur une analyse de l'offre des bâtiments et des équipements déjà présents sur le territoire, mais surtout de leur disponibilité et de leurs intensités d'usages. De nombreux besoins pourraient alors simplement trouver des réponses dans des interventions qui ne nécessitent pas de consommation de sol.

Très concrètement, c'est le partage de l'utilisation de locaux par les associations qui permettra d'éviter de construire un équipement *ad hoc* pour ces mêmes associations. C'est la buanderie partagée qui consommera moins d'espace dans les logements et permettra d'économiser l'achat d'autant d'équipements que de foyers dans l'immeuble, etc. Les exemples sont infinis. Cette approche, qui relève de « l'écologie territoriale », aura sans doute pour effet, par une meilleure utilisation des espaces existants, d'économiser les ressources nécessaires à une construction nouvelle. Logique implacable. Mais dans quelle proportion ? Impossible à quantifier aujourd'hui.

Entendons-nous bien, je ne suis clairement pas opposée à l'acte de construire. Il est nécessaire et vertueux. Nous avons besoin de continuer à construire. En particulier des logements. Personne ne peut d'ailleurs ignorer que nous traversons une crise sans précédent, et que les besoins de création de logements abordables sont criants. Non, mon combat porte sur le fait de continuer à construire autrement ! Des mètres carrés intensément utiles. « Des bâtiments à Haute Qualité Temporelle », comme proposés par le géographe et urbaniste Luc Gwiazdzinski. Et je dirais même plus : des bâtiments à Haute Qualité d'Usages Temporelle et Spatiale. C'est-à-dire des espaces qui seront optimisés et qui devront avoir plusieurs fonctions au cours de la journée, de la semaine ou d'une période de l'année, engendrant, selon l'urbaniste,

« cette intensité rêvée qui empêchera la ville de se diluer ». C'est d'ailleurs ce que j'ai proposé d'acter pour Bercy-Charenton dans le 12e arrondissement de Paris. Cette friche ferroviaire, l'une des dernières grandes emprises foncières de la capitale, va laisser sa place à un nouveau morceau de ville. Un quartier mixte de 3 500 habitants, des bureaux, des équipements publics, des commerces, des espaces publics avec une intensité des usages exemplaire. Construire intensément utile est possible et nous allons le prouver en le réalisant à Paris, à l'échelle d'un quartier.

L'intensification des usages peut aussi devenir un levier de la résilience de nos territoires, autrement dit de notre capacité à affronter les crises et surmonter les chocs à venir. À court terme, par exemple, intensifier les usages peut permettre de faire face à des contraintes et à des situations temporaires, singulières et exceptionnelles. Très concrètement, il s'agit d'être capable, en cas de crise, de faire muter un lieu pour le transformer en l'espace dont on pourrait alors avoir besoin : un centre de distribution et de stockage de denrées, un centre d'hébergement ou de vaccination, comme pendant la pandémie de coronavirus. Plus généralement, pour être en mesure de nous adapter à des situations imprévisibles (conflit géopolitique, crise sanitaire, dérèglement climatique, etc.), nous avons tout intérêt à prévoir et à rendre « transformables » nos espaces.

Les mètres carrés sont un élément de résilience collective, et l'intensification des usages, « la première des boucles de l'urbanisme circulaire », écrivait déjà Sylvain Grisot en 2021. Mais les bénéfices d'une intensité d'usage maximisée dépassent largement les seuls enjeux environnementaux. Ils peuvent être aussi économiques.

Pour les entreprises, comme pour les collectivités ou l'État, les coûts liés à l'immobilier ont explosé et représentent des dépenses conséquentes. Premier actif au bilan d'une entreprise et fréquemment deuxième poste de dépenses, l'immobilier est devenu un levier stratégique. Cependant, sa gestion a longtemps été considérée comme un élément secondaire. Elle ne l'est plus ! « La fonction immobilière s'est développée au début des années 2000 en réponse aux bouleversements que connaissait alors ce secteur », expliquent ainsi les professionnels de l'immobilier que sont Ingrid Nappi et Christian Cléret[17]. Et la majorité des directeurs immobiliers des grands groupes sont maintenant directement rattachés à la direction générale ou au secrétariat général de leurs structures, entérinant le fait que cette fonction est devenue stratégique. Quel est leur rôle ? Les directions immobilières s'attachent à réduire les coûts, à renégocier les baux avec les investisseurs, à certifier leurs immeubles et à les

---

17. Ingrid Nappi, Christian Cléret, « Quand l'immeuble d'entreprise devient stratégique », *Le Journal de l'École de Paris du management*, n° 104, novembre/décembre 2013.

adapter. Et si demain les fonctions immobilières des entreprises se réinventaient en facilitateurs de l'intensification des usages de leurs bâtiments ?

Car l'augmentation des coûts immobiliers fait que le taux d'occupation réel devient un élément à prendre en compte. Il faut pouvoir justifier « économiquement » de l'intérêt de la détention de ses locaux. Or, si on s'attarde à nouveau un instant sur les bureaux, on constate que leur taux d'occupation a fortement diminué : on estime qu'il est aujourd'hui de l'ordre de 40 % des effectifs[18] contre 60 % au début des années 2000. En parallèle, on observe que de nombreux actifs tertiaires ont un impérieux besoin d'être améliorés afin de maintenir leur attractivité. L'accueil de nouveaux usages à l'intérieur de ces espaces est ainsi quasi devenu une nécessité pour de plus en plus d'entreprises et de propriétaires. Et, si depuis toujours « il existe une grande différence de valorisation immobilière entre un actif vide et un actif plein, une distinction est en train de naître entre un actif tertiaire loué à un plein mono-preneur/mono-occupant et un actif plein loué à un mono-preneur/multi-occupants (espace de coworking, par exemple) » (*op. cit.*, Bouygues Construction, 2021). Le taux d'occupation est désormais un critère et la dilution du risque, un aspect précieux.

---

18. Nombre de collaborateurs présents sur site en moyenne entre 9 h et 19 h, 5 jours/semaine.

Il ne faut pas sous-estimer aussi le fait que l'intensification des usages permet d'anticiper les nouvelles réglementations (par exemple, le décret tertiaire[19]) tout comme les attentes des collectivités qui se font toujours un peu plus prégnantes sur le sujet.

Intensifier les usages des bâtiments peut bien sûr être également rémunérateur. Car cela permet de réduire les charges, comme l'entretien ou le gardiennage par exemple, qui sont divisées par le nombre d'utilisateurs. Cette intensification des usages peut aussi contribuer à générer de nouvelles sources de revenus, selon un montage locatif classique ou de nouveaux modèles économiques, et même permettre des déductions fiscales quand l'entreprise met, par exemple, gratuitement ses locaux à la disposition d'associations d'intérêt général.

Un cercle vertueux s'accompagnant de potentielles plus-values en termes d'attractivité et d'innovation. Et l'attractivité par les temps qui courent, ce n'est pas neutre. Il faut donner envie aux salariés de venir au bureau. Et tous applaudissent les vertus et bénéfices associés à une plus grande ouverture sur la ville[20]. Les parties prenantes (investisseurs, propriétaires, etc.), qui voient ces biens trouver preneur rapidement et sur la durée, commencent à le comprendre.

---

19. Le décret tertiaire définit des objectifs de réduction de consommation d'énergie aux propriétaires et exploitants de bâtiments tertiaires avec l'ambition de réaliser 60 % d'économie d'énergie sur le parc tertiaire d'ici 2050. Source : site Advizeo.
20. Bouygues Construction, *op. cit.*, 2021.

Un chef d'entreprise qui me faisait visiter son siège social conçu pour avoir une forte intensité d'usage sur une partie importante de ses locaux (hall, amphithéâtre, salles de réunion, rooftop) me confiait que, même s'il avait fait le choix de ne pas demander de participation financière pour mettre à disposition les espaces de son entreprise à des structures de l'économie sociale et solidaire (ESS) ou à des associations, il se considérait comme largement gagnant : « Les gens parlent positivement de notre action. Grâce à nos mises à disposition gratuites à des associations ou à des acteurs de l'ESS pour des projets culturels ou sociaux, on touche plein de monde très différent. Des personnes qui n'auraient jamais eu sinon l'occasion d'entendre parler de nous. C'est le meilleur plan de communication qu'on peut avoir, et ça dépasse largement le budget que j'aurais pu consacrer à la promotion de mon entreprise ! » Impossible à objectiver à ce stade néanmoins. À noter également : la satisfaction de ses collaborateurs qui font visiter le siège à des clients, partenaires ou amis. « Cette ouverture aux autres grâce à l'intensification des usages est un élément différenciant qui fait la fierté de l'équipe ! »

Comme pour le privé, dans les collectivités aussi, l'intensification des usages peut être source de revenus. À Paris, la location d'espaces à des associations rapporte de l'argent aux caisses de la ville et évite des investissements supplémentaires pour la création de lieux destinés à ces mêmes associations. Les recettes générées par les locations des bâtiments municipaux sont prises en compte dans l'élaboration annuelle du budget des mairies d'arrondissement et du Centre d'action sociale de la Ville de Paris. Le tarif applicable voté en conseil municipal varie en semaine sur des horaires classiques de 70 euros la journée pour un espace inférieur à 20 m^2 à 1500 euros pour un espace supérieur à 300 m^2 ; et de 100 à 2300 euros le soir, le week-end et les jours fériés. Les tarifs d'occupation des espaces municipaux sont fixés de manière à couvrir les coûts d'entretien et de maintenance des locaux, tout en restant abordables. Les associations d'intérêt général qui proposent des activités gratuites pour leurs usagers sont, quant à elles, exonérées des redevances d'utilisation des équipements. Un procédé gagnant-gagnant, au service des habitants.

Une intensité d'usage maximisée, c'est aussi potentiellement une augmentation de l'offre de services associés pour les personnes qui fréquentent un lieu ou les riverains de ce lieu, car demain dans un périmètre proche, ceux-ci vont pouvoir bénéficier de services supplémentaires auxquels ils n'auraient jamais pu prétendre autrement. Très concrètement, ce sont, par exemple, des bureaux mis à la disposition d'étudiants en manque d'espaces de travail et las de faire des heures de queue pour trouver une place à la bibliothèque. C'est aussi l'immeuble d'habitation réinventé qui offrira l'atelier, la chambre d'amis ou le rooftop partagés. Ce sont nos écoles qui accueillent d'autres usages ou qui ouvrent leurs cours pendant les vacances scolaires ou les week-ends. C'est le restaurant d'entreprise transformé en brasserie ouverte à tous, le soir et le week-end, dans les zones en manque de commerce de proximité. Ce sont les places de stationnement mises à la disposition des riverains ou converties en espace de stockage lorsqu'elles ne sont pas utilisées par les salariés d'une entreprise... Et pourquoi ne pas transformer les halls immenses des immeubles d'entreprises en terrain pour pratiquer une activité sportive le soir ? Le champ des possibles est infini ! Tout est imaginable ou presque. Même accueillir la nuit dans ses locaux une personne sans domicile fixe...

C'est le pari fou que se sont lancé les Bureaux du Cœur. Leur mission : « [...] développer l'usage des locaux professionnels en accueil individuel d'urgence, le soir et le week-end, lorsqu'ils sont inoccupés. [...] Nous ne créons pas de nouveaux foyers d'accueil provisoires mais nous proposons, au contraire, un accueil individuel d'urgence sur une durée relativement "longue" (3 à 6 mois) à des personnes en situation de précarité : étudiants en situation de pauvreté, femmes ayant subi des violences conjugales, personnes en réinsertion... » Pour cela, les Bureaux du Cœur s'appuient sur des associations dont la mission est orientée vers la réinsertion. Selon leur site internet, « "ces associations partenaires" présentent aux entreprises hôtes "un invité" qui est sur le chemin d'un parcours de réinsertion, respectant des critères d'accueil précis : une personne seule, majeure, sans problème d'addiction ni d'hygiène et ne nécessitant pas de suivi médical spécifique. Ces personnes sont souvent proches de la réinsertion. Les Bureaux du Cœur leur offrent un cadre de stabilité, de sécurité et d'intimité, au sein de locaux d'entreprise favorisant ainsi la coopération et l'activation de réseaux de la part des dirigeants et de leurs collaborateurs ».

C'est en 2018 qu'une quinzaine de dirigeants nantais, réunis en groupe de travail, bâtissent les grands principes fondateurs des Bureaux du Cœur. « Avec notre culture d'entrepreneurs, nous avons essayé de balayer toutes les questions juridiques et assurantielles : comment embarquer nos collaborateurs dans l'aventure, interagir avec les associations partenaires, etc. » Et ça marche ! De 2021 à 2024, l'association s'est rapidement déployée sur une grande partie du territoire français mais aussi en Europe. Alors qu'il n'y avait que sept bénévoles en 2021, les Bureaux du Cœur comptent trois ans après 140 bénévoles répartis en 20 délégations. Et 200 entreprises hôtes ont accueilli 450 personnes pour un cumul de plus de 60 000 nuitées. Formidable, non ? Des associations comme celle des Bureaux du cœur, mais aussi des acteurs de l'ESS ou des acteurs culturels, expriment partout sur notre territoire leur nécessité de pouvoir bénéficier de locaux à faible coût afin de mener à bien leur projet au service des habitants. L'intensification des usages peut être une partie de la solution pour leur permettre d'exercer leurs activités et de se développer.

On peut faire le choix d'intensifier un espace pour y ajouter un usage à vocation sociale comme le font les Bureaux du Cœur ou simplement pour gagner de l'argent : peu importe ! « Chaque espace vacant ou peu utilisé peut devenir, en fonction de ses caractéristiques et des besoins d'un territoire, un lieu propice à l'organisation d'activités culturelles, sportives ou de loisirs, un lieu accueillant des activités sociales ou même de l'agriculture urbaine. Toutes les branches des politiques publiques peuvent potentiellement être concernées par cette nouvelle façon d'appréhender la ville », comme l'explique la direction de la prospective de la Métropole de Lyon[21]. Une révolution à bas bruit et à bas coût permettant de répondre à n'importe quel besoin exprimé par celles et ceux qui vivent sur le territoire. En cela, l'utilisation plus intense des bâtiments et des espaces contribue à bâtir une ville plus désirable et accueillante.

Intensifier les usages pour faire commun

Intensifier l'utilisation de nos espaces, c'est aussi la promesse d'une qualité urbaine améliorée grâce

---

21. Union des comités d'intérêts locaux (UCIL) de l'agglomération lyonnaise, « M3 : du temporaire au transitoire. Retour sur la prise en compte du temps dans l'urbanisme », septembre 2021.

au « frottement des usages ». Concrètement, ce sont des publics différents amenés à se croiser ou à se côtoyer davantage. Cela crée ou renforce des dynamiques sociales au sein de quartiers. Cela accroît les liens et favorise la mixité. Et si l'intensification des usages était ce « pouvoir » tant attendu permettant à l'individu de tisser de nouveaux liens et à la société de renouveler les écosystèmes sociaux ? Et si l'intensification des usages était une opportunité pour vivre mieux dans nos sociétés sclérosées et renfermées sur elles-mêmes ?

Alors que pour certains nous vivons peut-être l'époque la plus paisible de l'existence de notre espèce (Steven Pinker), nous appréhendons le monde avec toujours plus d'angoisse. Une angoisse qui génère une quête de sécurité et de stabilité. Cette quête effrénée, qui nous invite à nous réfugier toujours un peu plus dans de « micro-mondes » réels ou virtuels, a progressivement fait émerger la société du repli et « la civilisation du cocon », selon le concept développé par le journaliste Vincent Cocquebert. Bienvenue dans l'ère du « chez soi » et autres « safe places » vécus comme autant de bulles de sécurité et de confort, où nous cherchons irrémédiablement à nous réfugier.

Nous passons ainsi de plus en plus de temps à la maison. Le développement du numérique s'est accompagné d'une domiciliation du travail (télétravail), de nos loisirs (jeux-vidéos, réseaux sociaux, plateformes numériques en lieu et place des salles de cinéma, coachs sportifs virtuels), ou encore de la consommation (e-commerce, livraison à domicile, restauration ou soins à domicile...)[22] Plus besoin de quitter son nid pour satisfaire ses besoins et ses envies ! Mais ce cocon biaise notre impression de sécurité et au contraire génère en nous anxiété et isolement. En 2024, on peut vivre dans une métropole trépidante comme Paris, Chicago ou Londres, y travailler, être actifs sur les réseaux sociaux, mais voir malgré tout ses relations réduites à la portion congrue. On n'a jamais eu aussi peu d'amis et le temps qu'un individu consacre « en personne » à des relations amicales a été divisé par trois depuis 2003 atteignant à peine vingt minutes par jour en 2020[23]. Symptôme de notre temps, le nombre de cafés, lieux de sociabilité par excellence, a chuté. D'après le Centre régional d'observation du commerce, entre 1960 et 2017, 80 % d'entre eux ont disparu. Ces vingt dernières années — entre 2002 et 2021 — Paris en a ainsi perdu 40 %. Tous les âges sont concernés, y compris les plus jeunes d'entre nous : l'Insee note ainsi que la sociabilité globale des 16-24 ans est en baisse. Jusqu'ou ? Jusqu'à quand ? Dans une comédie française de 2024[24], on imagine qu'étant devenus

---

22. Célia Laborie, « Repli sur soi et multiplication des *safe space* », *Le Monde*, 2021.
23. Cécile Ducourtieux, « L'épidémie de solitude reconnue comme problème de santé public », *Le Monde*, 2023.
24. *Dans 5 ans* de Léa Rouaud, Canal +, janvier 2024.

incapables de nous débrouiller seuls, la société nous imposera dans 5 ans nos amis. On y prédit que chaque année, deux amis nous seront attribués de manière scientifique *via* un algorithme mis en place pour « que nous ne fréquentions pas des personnes du même sociotype que le nôtre ». Pour l'anthropologue David Le Breton, à cause de nos smartphones, pour la première fois dans l'humanité, même la conversation est ébranlée. Il voit dans ces outils de communication « la fin de l'attention à l'autre, de la disponibilité à sa parole, à son visage[25] ». Nos discussions sont désormais interrompues « par des interlocuteurs qui ont gardé leur téléphone en main et le consultent sans arrêt, ou le tirent de leur poche à la moindre notification. Cela revient à mettre sur pause l'existence de ceux qui nous entourent ».

Et pourtant, dans *The Good Life. Les leçons de la plus longue étude scientifique du monde sur le bonheur* (une étude menée par Harvard en continu depuis les années 1930 tout de même), les professeurs Robert Waldinger et Marc Schulz montrent « clairement comment les relations, sous toutes leurs formes — amitiés, relations amoureuses, famille, collègues —, contribuent à une vie plus heureuse et plus saine ». Ils expliquent que « contrairement à la croyance populaire, le bonheur n'a pas grand-chose à

---

25. Adrien Nselli, « Nos smartphones ont-ils tué la conversation ? », *Libération*, janvier 2024.

voir avec l'épanouissement personnel, car ce qui rend la vie vraiment épanouissante et pleine de sens, ce sont plutôt les relations[26]. »

Or, l'isolement, présent depuis longtemps dans nos sociétés et qui a été mis en lumière par le Covid-19, s'est aggravé. Selon la Fondation de France, 11 millions de personnes seraient concernées dans notre pays et 9 millions en souffriraient[27]. On parle désormais « d'épidémie de solitude », un fléau reconnu depuis peu comme un problème de santé publique et dont les méfaits pèsent lourd sur l'espérance de vie. Ainsi, selon Vivek Murthy, administrateur de la santé publique des États-Unis, « quand les gens sont socialement déconnectés, le risque d'anxiété et de dépression augmente. Tout comme celui de maladie cardiovasculaire (29 %), de démence (50 %) et d'infarctus (32 %)[28] ».

Pire : cette sorte « d'autarcie spatiale et psychologique » nous éloigne de plus en plus les uns des autres avec des conséquences néfastes pour la Démocratie. Le refus croissant de se frotter à l'altérité, à l'échange, au mélange peut en effet doucement faire dériver les individus et les amener à se désolidariser de la société dans son ensemble. Pour l'essayiste Jérémie Peltier, dans son ouvrage *La fête est finie*, les transformations des formes de cette dernière « disent quelque chose

---

26. « Sept leçons tirées de la plus grande étude jamais réalisée sur le bonheur » par F. Gastaldi, *Vanity Fair*, 2023.
27. Selon l'étude « Solitudes 2022. Regards sur les fragilités relationnelles », Fondation de France.
28. « L'épidémie de solitude reconnue comme un problème de santé publique », *Le Monde*, 7 octobre 2023.

de la société, quelque chose qui n'est pas souhaitable pour l'avenir de la cohésion sociale [...] À force d'avoir voulu du sur-mesure et du chez-soi partout, l'Autre est devenu de plus en plus l'exception. » Les humains ont-ils perdu leur humanité, comme l'anticipait Fritz Lang dans son légendaire *Metropolis* ?

Qui plus est, l'incapacité du politique à faire fonctionner « l'ascenseur social » a instillé l'idée qu'il revient à chacun de nous de prendre les rênes de sa propre existence pour "réussir" et que le cadre collectif sur lequel repose notre contrat social ne peut plus rien ou presque pour les individus. Chacun surinvestit « le soi », recherche l'identification à son groupe ou sa « communauté » plutôt que l'altérité. Son expérience individuelle, son récit personnel, et ses angoisses et fantasmes comme seule boussole. Une perte de liens, de repères et de communs encore aggravée par Internet et la propagation démesurée des théories du complot aujourd'hui, et la fabrique du « vrai-faux » permis par l'intelligence artificielle demain. L'ensemble de ces phénomènes explique en partie le succès des offres de repli social proposées « par des groupes aux contours différenciant de l'autre, aux aspirations identitaires ou communautaires, qui rassurent parce qu'ils enferment », explique le sociologue et urbaniste Benjamin Pradel[29]. Selon

29. Bouygues Construction, *Tisser des liens, pour des territoires conviviaux, solidaires et inclusifs*, 2024.

l'expression consacrée par Jérôme Fourquet, notre société « s'archipellise ». Pour le sociologue Alain Caillé, elle est devenue « parcellitaire, autrement dit un totalitarisme inversé », qui a vu apparaître « un type humain qui n'est plus l'homme démocratique avec ses vertus mais un type d'être humain parcellisé qui n'a plus en quelque sorte les gènes symboliques qui lui permettent de s'associer avec d'autres[30] ». Le corps social se désagrège progressivement et chacun se sent de moins en moins concerné par notre « Destin commun ». Dans cette affaire, le temps et l'espace ne sont pas neutres. Mais le tableau n'est pas tout noir pour autant, et l'espoir permis. Car face à l'adversité et aux épreuves, les Français ont toujours su être solidaires, se mobiliser, et relever la tête.

Pas le choix : si la machine à vivre ensemble est en panne, remettons-la en marche ! Il est impératif que celles et ceux qui nous gouvernent parviennent à reconstruire d'urgence des récits communs qui ne consistent pas à se placer dans la défiance de l'autre mais à repenser les choses collectivement. Pour faire Nation.

L'intellectuel Ernest Renan a fixé les termes de la conception française de la nation — une conception volontariste, politique — selon laquelle, suivant sa célèbre formule, « l'existence d'une nation est un plébiscite de tous les jours ». Renvoyant au libre droit

30. Rencontre-débat « Les nouvelles formes de citoyenneté » organisé par la Fondation Maison de l'Europe de Paris autour d'Alain Caillé et Henri Noguès en 2009.

des peuples à disposer d'eux-mêmes, il en ressort cette magnifique définition de la nation à partir de « deux choses qui, à vrai dire, n'en font qu'une [...] L'une est dans le passé, l'autre dans le présent. L'une est la possession en commun d'un riche legs de souvenirs ; l'autre est le consentement actuel, le désir de vivre ensemble [...] Une nation est donc une grande solidarité, constituée par le sentiment des sacrifices qu'on a faits et de ceux qu'on est disposé à faire encore [...] Je me résume, Messieurs. L'homme n'est esclave ni de sa race, ni de sa langue, ni de sa religion, ni du cours des fleuves, ni de la direction des chaînes de montagnes. Une grande agrégation d'hommes, saine d'esprit et chaude de cœur, crée une conscience morale qui s'appelle une nation[31] ».

S'agréger. Partager. Éprouver le collectif, le vivre. Comment dans une société du repli sur soi, où l'on ne partage plus grand-chose, pas même le lieu de sociabilité par excellence qu'est la ville, pourrait-on encore faire nation bien longtemps ? L'édification d'une culture commune repose sur un partage *in situ*, une unité de temps et de lieu, une cohérence spatio-temporelle, que l'intensification des usages de nos espaces peut rendre à nouveau possible. « La question de la tension démocratique est résolument imbriquée au projet urbanistique, car la ville agit comme une

---

31. Conférence d'Ernest Renan, Qu'est-ce qu'une nation ?, Sorbonne université, 11 mars 1882.

matrice qui peut influencer les relations sociales et la civilité qui s'y déploient » (B. Pradel). Et si l'intensification des usages était cet outil systémique pour recréer du lien, donc des communs à grande échelle ? De l'intensité d'usage pour reconstruire ou créer des cadres de frottements, de rencontres et d'échanges. De l'intensité d'usage pour nous redonner le goût des autres et du vivre ensemble. De l'intensité d'usage pour faire advenir la « ville relationnelle » si chère à Sonia Lavadinho, une ville « désirable qui confère un sens fort au fait de se croiser, de se saluer, de s'assembler. Une ville qui fait pousser la biodiversité des publics en mélangeant les gens, les âges, les corps physiques et les psychés[32] ». L'intensification des usages peut permettre de faire éclore les relations entre les citoyens, de multiplier des opportunités pour que celles et ceux qui ne se côtoient pas habituellement se rencontrent et convergent. Elle peut faire vivre le lien social et permettre l'émergence d'un « nous ». Il est temps de passer d'un urbanisme fonctionnel qui pense les usages en termes de flux à un urbanisme favorisant les interactions, l'échange, le partage. Il est temps d'ouvrir le panel des usages pour augmenter la pluralité des publics.

Et ça peut marcher ! Car l'intensité d'usage n'est pas une injonction à la sociabilité. Elle ne l'impose pas,

---

32. Sonia Lavadinho, *La Ville relationnelle. Les sept figures*, Éditions Apogée, 2024.

mais elle permet, de fait, d'à nouveau faire se croiser les êtres humains et, en démultipliant les cadres de rencontres, de renouveler l'écosystème social. « Des liens du quotidien », plus hétérogènes donc sains se forment alors. Une façon peut-être de contribuer à résoudre l'atomisation des rapports sociaux et la déshumanisation de la société ? Selon le Baromètre de la Fraternité 2024, si les Français sont méfiants et ont peur de « l'Autre », leur désir d'aller vers lui reste important : « 74 % des personnes interrogées seraient ainsi prêtes à échanger et à agir davantage avec des personnes différentes d'elles (milieu social, convictions religieuses, origines ethniques). Elles aspirent à plus de lien social et de rencontres fraternelles avec des personnes différentes, et considèrent à plus de 90 % que ce sont surtout "le manque d'occasions, de temps et de lieux", les principaux freins à ces rencontres. » D'ailleurs quand on demande à nos compatriotes quels sont les leviers à privilégier pour favoriser les échanges réguliers avec les habitants de leur quartier ou de leur commune, 35 % d'entre eux répondent « les espaces partagés pour exercer des activités et des loisirs ». Le lien social constitue à n'en pas douter un facteur d'attractivité du territoire qui concourt à ancrer l'attachement des Français à leur lieu de vie.

L'intensité d'usage suppose un regard et une attention spéciale portée à la vie urbaine et introduit un rapport sensible et singulier entre l'espace, le temps, les êtres qui fréquentent ces lieux et les frottements qui s'y jouent. En prenant en compte, plus qu'on ne le fait aujourd'hui, cette approche particulière du territoire, à la fois sensible, spatiale et relationnelle du territoire, nous avons un potentiel levier pour transformer notre manière de vivre ensemble.

Car oui, ce « frottement des usages » peut parfois ouvrir le champ des possibles et créer un enrichissement mutuel et des synergies insoupçonnées : une sorte de *cross-fertilization* selon le terme anglais consacré. Pour reprendre et filer un exemple évoqué plus haut, celui des Bureaux du Cœur : « les contacts privilégiés et informels entre la "personne invitée" et les différents acteurs de l'entreprise accueillante favorisent et accélèrent la réinsertion de cette dernière[33] ». Ici, un salarié offre son aide pour refaire le CV de cette personne invitée. Là, un autre propose de la mettre en relation avec son cousin qui cherche un employé... *La vie a plus d'imagination que toi*[34]. L'intensification des usages, à coup sûr aussi ! À tous, elle permet de changer de regard sur la question de l'exclusion. Changer de regard, c'est aussi ce qu'il s'est passé à Scieq dans les Deux-Sèvres, où personnes âgées et mineurs non accompagnés vivent ensemble. Une première en France qui a permis à la résidence Les Vignes, qui allait fermer faute d'un remplissage suffisant, de continuer d'accueillir les séniors. « C'est

---

33. Radio RCF, émission « Solidaires », Joël Bruneau, Magali Greffier, Claire Saéne.
34. Najat Vallaud-Belkacem, Éditions Grasset, 2017.

un véritable succès, ça dépasse même nos espérances en termes de tolérance, de bienveillance, de partage. Ça apporte autant aux uns qu'aux autres », déclarent les habitants de cette résidence[35].

Changer de regard pour sortir de sa « prison mentale », accueillir les différences, prendre du champ sur ses certitudes. Une lumineuse opportunité à l'heure où le vote pour l'extrême droite explose : 10,6 millions de Français ont accordé leur voix au Rassemblement national au 1er tour des élections législatives du 30 juin 2024. S'il s'agit à la fois incontestablement pour certaines personnes d'un vote d'adhésion à un projet de société particulier, ce vote est aussi l'expression d'un mal-être généralisé : peur de l'Autre, angoisses liées à la mondialisation, sentiment d'abandon, d'isolement, disparition des services publics, etc. Autant de réalités difficiles que l'intensification des usages de nos bâtiments et de nos espaces peut contribuer à résoudre. J'y reviendrai plus loin.

La question du vivre ensemble doit trouver les moyens et les moments de se reconstruire. Chacun l'appelle de ses vœux mais bute sur la façon d'y arriver. Parce qu'elle permet de rapprocher les hommes, l'intensification des usages est peut-être cet outil précieux pour recréer du lien, du commun, et faire société. C'est une chance, qui pourrait nous permettre, par ce qu'elle induit de charnel, de bâtir une

---

35. Article de Noémie Guillotin pour France Bleu Poitou : « Dans les Deux-Sèvres, personnes âgées et mineurs non accompagnés vivent ensemble dans une résidence. »

vision d'avenir désirable, choisie. L'intensification des usages offre la possibilité de réinventer nos vies au sein de nos territoires et de recréer un peu d'harmonie humaine. Elle peut affecter positivement le rapport que chaque individu entretient avec son entourage. Et, en ce sens, bouleverser notre vison du monde.

Il est plus que jamais temps de reconstruire un modèle humaniste. Celui d'un projet nouveau fait de collaborations et de robustesses sociales[36] et autres garde-fous où les citoyens peuvent s'appuyer sur des relations de proximité, des liens démultipliés, des services et des commodités renouvelés reposant sur des espaces intensifiés. Un modèle nouveau permettant de renforcer les « filets de sécurité » et les protections pour que chacun s'épanouisse et que personne ne soit laissé au bord du chemin. Un projet inédit qui met au cœur le premier kilomètre de la démocratie.

L'acceptabilité en question

Les bénéfices matériels et immatériels de l'intensité d'usage sont réels et puissants.

Une telle révolution dans nos modes de concevoir la ville, de l'appréhender et de la vivre, n'est néanmoins pas anodine. Elle questionne notre intimité,

---

36. Olivier Hamant, *De l'incohérence. Philosophie politique de la robustesse*, Éditions Odile Jacob, 2024.

nos habitudes, et notre rapport au monde. Parce qu'elle entraîne un changement de paradigme et de nombreux bouleversements, elle peut déranger, voire choquer.

La question de l'acceptation sociale de l'intensification des usages est donc véritablement un sujet clé. Car il ne suffit pas de décréter qu'elle est souhaitable pour qu'elle advienne. Il faut la rendre désirable. Créer une ville intense qui fait du bien et fabrique du lien. Pas question de faire contre les gens, sauf à engendrer des situations explosives, nourrir le rejet et alimenter l'image d'une transition brutale, déconnectée de la « vraie vie » et condescendante.

L'intensification des usages de nos mètres carrés peut-elle être « la goutte d'eau qui fait déborder le vase » de nos villes déjà saturées ? Alors que la densification urbaine constitue un levier certain pour faire advenir des villes plus durables, celle-ci est de moins en moins acceptée par les habitants. Et c'est paradoxalement la préoccupation environnementale qui est souvent mise en avant pour l'expliquer, ainsi qu'une sorte de saturation et de fatigue vis-à-vis du mode de vie urbain. Il y a pourtant précisément une véritable corrélation entre le mode de vie citadin et la lutte contre le péril climatique. Car un tissu urbain dense favorise la proximité entre les différents lieux que nous fréquentons dans notre vie quotidienne (habitation, écoles, lieux de travail ou de loisirs, commerces). La réduction des distances à parcourir autorise alors les déplacements à pied, à vélo ou en transports en commun. Les logements des villes qui sont généralement plus petits et majoritairement mitoyens réduisent aussi sensiblement les dépenses énergétiques. *A contrario*, loin des clichés d'un retour à la nature sain et vertueux, adopter un mode de vie contemporain en dehors des villes conduit à une augmentation nette de l'empreinte carbone mesurée par habitant. Mais pour encourager les Français à vivre en milieu urbain, encore faut-il que nos agglomérations soient « vivables ». Or, encombrées, saturées, surpeuplées, nos villes pâtissent indéniablement d'un sentiment de « trop-plein ». Un trop-plein auquel les habitants sont de plus en plus sensibles. Ainsi, par exemple, depuis le Covid, même dans les grandes villes par nature bruyantes, un nombre croissant de citadins deviennent intolérants aux bruits de la cité. Il y a comme un besoin de calme, de silence, d'espace et de vide. Et précisément je crois que lutter contre la « vacance chronotopique » est tout à fait compatible avec la défense et la création d'espaces vides, aérés, dégagés pour recréer des respirations là où il y en a besoin. Il doit devenir possible de donner une place au vide et une intensité aux espaces ! Et pour cela, lutter contre nos réflexes et la tentation de protéger les précieux et trop rares espaces de respiration de nos villes (parcs, places, jardins, cours) en les cloisonnant, en les dissimulant derrière des clôtures pour les réserver aux seuls habitants ou usagers d'un projet. Laissons ces espaces poreux pour que ces interstices urbains bénéficient au plus grand nombre. La ville de demain est une ville où le vide et le plein forment un tout, mêlant intensité d'usage des espaces et respirations.

Qui plus est, intensifier les usages, ce n'est pas densifier la ville, c'est mieux l'utiliser. Et ne vous méprenez pas : avec ce plaidoyer, je ne prône pas d'intensifier tous les espaces tout le temps et à 100 %. Tous les types de lieux ne s'y prêtent pas, ou il n'est simplement pas souhaitable de le faire pour des raisons très diverses. Nous devons être à l'écoute des besoins et coller à la réalité du territoire.

Surtout, pour être acceptée, l'intensification des usages doit être mise au service d'une amélioration des conditions de vie urbaine. Les Français recherchent et plébiscitent les aménités, la diversité des activités, des services. Or — on l'a vu plus haut —, c'est précisément ce que l'intensification des usages permet parce qu'elle crée du frottement et amène des publics différents à se côtoyer, parce qu'elle offre potentiellement de nouveaux services aux usagers et aux riverains d'un site. Mais si elle n'est pas co-construite et qu'elle n'épouse pas un certain nombre de règles pour garantir la tranquillité et la qualité de vie de chacun, elle ne pourra pas être acceptée. Le choix d'être ensemble ne va pas de soi. Les conditions d'une « intensité d'usage heureuse » n'ont d'autre possibilité que de se construire avec les habitants dans des démarches longues car elles impliquent de réinventer la vie d'un site en faisant émerger petit à petit des réponses particulières, à la fois spécifiques et concrètes, aux problématiques identifiées sur chaque petite parcelle ou morceau de territoire. Le « bien vivre » n'est pas incompatible ni opposable au « vivre ensemble ». Il s'agit de trouver un chemin qui concilie la quête individuelle de bien-être et une meilleure utilisation de nos espaces en mettant au cœur le « confort d'usage ». Des réglages fins seront nécessaires pour créer les conditions de développement et d'appropriation de l'intensification des usages.

L'intensité d'usage interroge aussi notre rapport aux choses. Le rapport à l'usage comme le rapport à la propriété. Et il y a un attachement culturel fort des Français à la propriété. Or, le droit de propriété renvoie l'idée que la maîtrise exclusive d'un bien, son accaparement, son interdiction d'accès à l'autre sont souhaitables et justes, établissant de fait un « principe d'exclusion et de rejet » qui fonde la base même de nos relations sociales et politiques. Notre culture constituerait-elle ainsi un frein ?

L'évolution du rapport à la propriété est en marche. Ainsi, le recours à la dissociation du foncier et du bâti se développe significativement face à l'impossibilité de nombreux ménages modestes d'accéder à la propriété compte tenu de l'explosion des prix. Par ailleurs, appuyant sur leur vocation sociale, les foncières solidaires et autres sociétés coopératives d'intérêt collectif (SCIC) redonnent à la propriété le sens de l'intérêt collectif. Et si l'heure de « l'urbanisme du partage » (*ibid.*, Leconte, Grisot, 2022) avait sonné ? L'heure de réinventer la valeur du foncier pour concilier impératifs environnementaux et besoins d'aménagement. L'heure de revendiquer une consommation collective et collaborative des mètres carrés, de leur utilisation plutôt que leur possession. L'heure peut-être aussi de « tempérer l'absolutisme du droit de propriété » pour retrouver le sens de l'usage universel des biens ? « Le monde du partage devra remplacer le partage du monde », anticipait déjà Claude Lelouch dans *Itinéraire d'un enfant gâté*. Il ne s'agit nullement de remettre en cause le droit de propriété mais d'arrêter de penser nos territoires en termes de fonctions, et peut-être même d'usages, pour dorénavant les appréhender en termes de sens.

Mais si la culture du partage progresse, elle peine encore à s'imposer. Parce qu'elle nourrit les hommes d'un point de vue social (distinction, affiliation), émotionnel (plaisir), psychologique (sécurité), le besoin de posséder comme de consommer, reste totalement structurant... Ce « matérialisme » est d'ailleurs tout autant une valeur dans nos sociétés contemporaines qu'un trait individuel. « Entre l'avoir, l'être, le savoir, le faire, le paraître et le pouvoir, qui absorbent toutes nos énergies, l'avoir l'emporte aujourd'hui car il donne le pouvoir, permet le paraître, domine le faire et dispense d'être et de savoir » (*Utopie foncière*, Edgar Pisani, 2010). Et pourtant choisir la sobriété foncière devra s'accompagner d'une évolution culturelle à l'égard du concept de propriété. Car ce droit sacré, inviolable, au sommet de la hiérarchie des normes, se heurte aujourd'hui, dans le contexte de péril climatique que nous vivons, à la primauté de l'intérêt général. Choisir la sobriété, c'est passer de l'âge de la propriété à « l'âge de l'accès » prôné par Jeremy Rifkin[37].

Mieux utiliser les mètres carrés ne pourra se faire que graduellement tant on connaît l'attachement viscéral profond que nous avons pour le concept de propriété. Il y a ainsi des freins qui ne sont pas palpables mais qui obèrent néanmoins fortement notre capacité d'agir. Tous ces fils invisibles qui nous retiennent. La peur aussi. La peur de partager et risquer d'être perdant. L'objectif de cet ouvrage est bien de faire le plaidoyer d'une nouvelle manière de vivre. Nous devons collectivement mener un travail d'acculturation à ce concept d'intensité d'usages, faire évoluer les cultures à la fois personnelles et professionnelles. En cela le covid nous a fait faire un bond significatif. Il est temps de transformer l'essai.

Pour changer les choses, à nous de trouver les bons curseurs, les bons arbitrages entre « ce qui contribue à l'intérêt général » et « ce que chacun de nous

---

37. Jeremy Rifkin, *L'Âge de l'accès. La nouvelle culture du capitalisme*, La Découverte, 2005.

peut être en mesure d'accepter individuellement ». La puissance publique doit en être la garante. Mais si nous n'arrivons pas à intégrer pleinement les exigences d'acceptabilité sociale et à les satisfaire, l'intensification des usages ne pourra émerger et réussir à changer durablement nos vies.

QUELS LEVIERS ACTIVER POUR RÉDUIRE LE GASPILLAGE IMMOBILIER ?

Ça y est, vous êtes séduits ? Vous voulez contribuer à lutter contre le gaspillage des mètres carrés en ville et améliorer l'intensité d'usage de nos bâtiments et de nos espaces ? Mais comment s'y prendre ?

Le préalable, c'est bien sûr la volonté. On l'a ou on ne l'a pas. Il faut une certaine envie de faire, une force de conviction qui permettra de ne pas baisser les bras aux premières difficultés et de convertir les récalcitrants.

Surtout, intensifier les usages implique un certain nombre de considérations techniques, juridiques et réglementaires, et une gestion nécessairement plus complexe que le simple statu quo. Ces éléments peuvent en refroidir plus d'un. Vous savez, le fameux

« c'est pas possible » ou encore le « c'est trop compliqué », à conjuguer avec le « ça va coûter bien plus cher ». Ces propos sont en partie vrais. Pourtant, des solutions existent pour lutter contre le gaspillage des mètres carrés et intensifier les usages de nos bâtiments et de nos espaces. On détaillera ici d'abord les grands principes, la philosophie, ou la grammaire à déployer en donnant à voir des exemples concrets.

Lutter contre la vacance

Lutter contre le gaspillage des mètres carrés, c'est d'abord, de manière très triviale, lutter contre la vacance. Facile à dire, un peu moins à mettre en œuvre, car cette lutte se heurte à deux difficultés majeures : le repérage des gisements et la réactivation potentiellement onéreuse de ces mètres carrés vacants, le tout aggravé par un manque de moyens. Lutter contre la vacance incombe au propriétaire du bien mais aussi à la puissance publique (État, collectivités territoriales...) qui doit mettre en place des mesures pour l'éradiquer.

Le Réseau national des collectivités mobilisées contre le logement vacant (RNCLV) qualifie les différents types de vacances dites structurelles[38] : « [...]

38. À ne pas confondre avec la vacance expectative qui correspond à une rétention spéculative pour, par exemple, transmettre un bien à ses héritiers, se réserver un bien pour soi, etc.

la vacance d'obsolescence ou de dévalorisation qui correspond aux espaces obsolètes, inadaptés à la demande (car trop chers, dévalorisés, ou en attente de destruction...). La vacance de désintérêt économique ("flemme" de s'occuper du bien, mauvaises expériences locatives, pas de capacité financière à l'entretenir, pas de souhait de l'occuper soi-même...), et la vacance de transformation du bien (biens en travaux de longue durée, indivision, propriétaires empêchés...). »

Bien évidemment, ces différents types de vacances appellent des réponses variées et spécifiques en fonction du contexte et du territoire dans lesquels elles se déploient. Elles sont également à adapter au type de bâtiment ou d'espace concerné. Mais pour lutter correctement contre ces phénomènes, il faudrait les penser de manière large, loin de la simple mesure chiffrée, pour comprendre les phénomènes et les facteurs qui ont conduit à les faire émerger.

On dénombre en 2023, selon l'Insee, 3,1 millions de logements vacants en France. Mais les mesures d'incitation à la rénovation thermique, qui deviennent un peu plus coercitives (et c'est tant mieux !) et qui vous empêcheront demain de louer un bien énergivore, vont mécaniquement faire croître cette vacance déjà bien présente sur l'ensemble du territoire. Car pour rénover un logement, encore faut-il en avoir les moyens.

L'État, en s'appuyant notamment sur les données fiscales, s'est doté d'une plateforme numérique Zéro Logement Vacant qui recense tous les propriétaires de logements vides et leurs coordonnées. Son objectif: « Être un outil à destination des collectivités pour les aider à mobiliser au plus près du terrain les propriétaires de logements vacants et mieux les accompagner dans la remise sur le marché de leur logement. » En tant qu'élue, je peux donc, grâce aux données fournies, écrire directement aux propriétaires de mon territoire pour engager un échange et les encourager à remettre leur logement sur le marché. À noter qu'aujourd'hui, si la réquisition est possible, elle est largement sous-exploitée par l'État. Les collectivités devraient avoir le pouvoir de réquisitionner les logements en zone tendue. Cette disposition pourrait être utilement complétée par une taxation efficace des résidences secondaires dans les zones en tension.

Les raisons évoquées par les propriétaires qui renoncent à louer sont simples: une incapacité à gérer un bien qu'ils ont reçu lors d'une succession, des travaux trop chers à prendre en charge, la peur de locataires indélicats ou une précédente expérience amère avec ces derniers, etc. Par rapport à d'autres pays, le droit français est plutôt protecteur des locataires (même si cela est moins vrai depuis la loi Bergé-Kasparian de 2023). Pourtant, quand on en a les moyens, louer son logement vacant devrait devenir un réflexe citoyen compte tenu du contexte. Cela permettra aussi « accessoirement » aux propriétaires de percevoir des revenus supplémentaires, de préserver et de valoriser leur patrimoine — oui, un logement se dégrade plus facilement lorsqu'il n'est pas occupé — et de bénéficier d'une réduction d'impôt[39]. Si votre logement nécessite des travaux, des solutions existent pour vous aider dans leur financement, explique l'Agence nationale d'information sur le logement (Anil). Alors n'hésitez plus ! Si le sujet de la vacance des logements fait de temps à autre son apparition sur la scène médiatico-politique, on omet régulièrement de considérer des données pourtant essentielles si on les analyse au prisme de l'intensité d'usage : les 3,5 millions de résidences secondaires et la sous-occupation, même dans les zones tendues, de 30 millions de résidences principales. Sujet ô combien délicat compte tenu de ce qu'il charrie d'histoires de vie, de liens personnels ou familiaux et d'attachement aux lieux de vie, bref d'intime. Cette question peut aussi sembler anecdotique au regard de la crise que traverse le secteur qui a d'abord besoin qu'on construise bien davantage de logements abordables, mais il me paraît nécessaire d'ouvrir le débat comme l'ont fait la Fondation Abbé-Pierre et la Fondation pour la nature

---

39. En tant que propriétaire bailleur, il existe le dispositif Loc'Avantages qui permet sous conditions de bénéficier d'une réduction d'impôt, si vous décidez de mettre en location un appartement ou une maison (Anil).

et l'homme dans un rapport[40] publié en mars 2024. Il y est rappelé que « selon l'Insee près de 43 % des ménages français sont en situation de sous-peuplement prononcé ou très accentué, c'est-à-dire que leur logement compte respectivement au moins deux ou trois pièces de plus que la situation de référence ». C'est typiquement le couple qui a vu ses trois enfants grandir et quitter le nid. Dans le même temps, rappelons que 1,5 million de logements sur-occupés comportent moins de pièces que de personnes qui y vivent. Dans mon arrondissement, les demandes d'échanges (les mutations) essentiellement pour ces raisons représentent jusqu'à 30 % de l'ensemble des demandes de logement social ! L'élue que je suis ne peut que constater l'importance du phénomène et la difficulté d'y remédier. Car les freins sont importants. Difficile de convaincre un locataire d'un grand logement qu'il occupe seul parfois depuis de nombreuses années à déménager pour un logement plus petit mais aussi plus cher… Personne ne l'accepterait. Alors, pour s'attaquer à cet enjeu, différentes initiatives émergent un peu partout. À Paris, nous avons décidé d'agir pour fluidifier le parc social : plateforme échanger-habiter.fr, mise des logements au pot commun peu importe le bailleur, fixation d'objectifs (la commission d'attribution de logements que je préside s'est fixé un taux de 30 % de mutations dans ses désignations), etc. Mais malgré ces initiatives, force

---

40. « ZAN pour réduire le mal logement », mars 2024.

est de constater que la situation reste peu ou prou la même. Si continuer à créer du logement abordable est absolument primordial, il nous faut aussi susciter un véritable choc pour fluidifier le parcours résidentiel et considérer enfin les trajectoires de vie des femmes et des hommes qui vivent dans les logements. Alors, comme le préconise une trentaine d'acteurs de la fabrique urbaine dans une tribune publiée dans *Le Monde* en octobre 2023[41], « faisons bouger les lignes et évoluer les règles fiscales, urbanistiques, techniques » et explorons cette potentielle réserve théorique de logements « neutres en carbone ». On pourrait, par exemple, comme certains le prônent, mettre en place une imposition différente sur les logements en fonction de leur occupation pleine ou temporaire, mais aussi en fonction de la surface occupée par personne. Et pourquoi pas aussi moduler les taxes sur les mutations dans certains cas ? Autant de sujets importants qu'il faudra un jour traiter.

La vacance tertiaire maintenant. Elle constitue un indicateur clé de la dynamique économique et sociale d'un territoire, de sa vitalité. Parce qu'elle peut entraîner le recul de l'activité des commerces, le déménagement de certains services ou la chute de recettes fiscales, elle peut venir perturber le champ de gestion de l'autorité publique locale (*ibid.*, Arab,

---

41. « Crise du logement : le parc existant est en réalité peu occupé », tribune collective.

Miot, 2021). Paradoxalement, elle apparaît aussi de plus en plus pour certains territoires comme une formidable opportunité... de créer du logement !

La vacance tertiaire augmente. Le télétravail est quasiment systématiquement mis en cause. Mais s'il n'y est forcément pas étranger, il est loin d'en être la cause principale. Selon l'Institut de l'épargne immobilière et foncière (IEIF), depuis 20 ans, la demande ralentit nettement sous l'effet de la fin de la tertiarisation de l'économie et de la baisse du nombre de mètres carrés dévolu à chaque emploi de bureau.

Prenons un territoire par définition attractif : l'Île-de-France. Le rythme de créations d'emplois dits « de bureau » y a considérablement chuté. Pourtant, selon l'IEIF, « la dynamique de création de nouvelles surfaces de bureaux n'intègre ce ralentissement que cinq années plus tard et s'ajuste à un rythme beaucoup plus lent ». D'après eux, cette désynchronisation entre les dynamiques de demande et d'offre a largement participé à la sur-offre de bureaux aujourd'hui observée en Île-de-France : depuis 2001, près de 6 millions de mètres carrés auraient été construits sans correspondre à aucune croissance de la demande. Ainsi, en Île-de-France, même si l'on ne construisait plus un seul mètre carré de bureaux, il faudrait huit ans pour que la demande supplémentaire de surfaces liée aux créations d'emploi couvre et absorbe la vacance actuellement constatée. Or, selon l'IEIF, « si l'on intègre à cette projection l'impact du télétravail, c'est-à-dire l'optimisation de leur empreinte immobilière par les entreprises (qui se traduirait par une baisse de la demande de 3,6 millions de mètres carrés), l'offre disponible tout comme la vacance se situeraient à un niveau plus important encore ». La situation pourrait donc s'aggraver si la production neuve se poursuivait à un rythme comparable à celui observé ces dernières années.

On peut aussi décider de regarder le problème autrement et plutôt que de parler d'inadaptation de l'offre de bureaux parler de « sur-offre » car après tout, les acteurs de la solidarité comme ceux de l'économie sociale et solidaire ou même les artistes sont en recherche constante de lieux où s'implanter. Je ne compte plus le nombre de sollicitations que je reçois de structures de ce type qui souhaitent bénéficier d'espaces abordables. Il y a là matière à inventer des dispositifs d'incitations forts pour permettre la réoccupation de ces espaces par ces acteurs singuliers mais essentiels de nos territoires.

Parallèlement à ce trop-plein de mètres carrés de bureaux vacants, on l'a dit plus haut, la crise du mal-logement ne fait que s'accroître. Et le manque criant de logements abordables a des répercussions considérables sur la vie des gens. Pour créer plus de logements, la transformation de bureaux qui ne trouvent pas preneur paraît donc être une solution prometteuse. Cette idée commence à faire son chemin. Prenons l'exemple de Paris : des anciens magasins Tati dans le 18e arrondissement en passant par les garages Renault et Citroën des 15e et 11e arrondissements, les possibilités de convertir des bureaux vides en logements existent[42]. Après avoir lancé en 2021 un appel à projets urbains innovants, la municipalité parisienne porte aujourd'hui un plan local d'urbanisme bioclimatique encourageant fortement la transformation de bureaux en logements et utilise logiquement les moyens prévus par la loi pour y arriver. Malheureusement, si la promesse de solutionner la pénurie de logements et la vacance des bureaux — deux fléaux majeurs pour la vie de nos territoires — semble alléchante, tous nos immeubles ne se prêtent pas aussi facilement à cette transformation d'usage. Soit du fait de leurs caractéristiques de conception, soit du fait de leur positionnement difficilement supportable — carrefours autoroutiers, zones industrielles, etc. Le calcul financier d'une telle transformation n'est par ailleurs pas toujours intéressant : en plus du prix des travaux, il y a une imposition défavorable, une perte de surfaces utiles et, en fonction de leur localisation, un coût de sortie des logements souvent plus faible que celui des bureaux... Surtout quand des élus locaux comme moi, soucieux de loger les habitants à prix abordables, imposent un quota de logements encadrés aux loyers plafonnés dans ces opérations. L'équilibre économique est difficile à atteindre à périmètre constant pour les porteurs de projets.

42. Site Paris.fr, « Réinventer Paris. Transformer les buraux en logements ».

De quoi quelque peu refroidir les ardeurs de celles et ceux qui voudraient tenter l'aventure. La transformation des bâtiments reste néanmoins une solution à réellement considérer pour répondre aux besoins en logement, tout en respectant les contraintes de plus en plus fortes de ne pas « surconsommer » de nouveaux terrains, comme nous l'impose dorénavant la loi ZAN. Et pour le propriétaire de ces actifs, il faudra bien de toute façon faire un choix : vendre décoté ou à perte, investir pour réhabiliter et ainsi revaloriser et recréer une attractivité autour du bâti concerné, ou bien encore transformer ces bureaux qui n'intéressent plus personne.

Pour éviter nombre de ces difficultés, une évidence s'impose : l'avenir est à la construction de bâtiments réversibles. Systématisons-la ! Nous y reviendrons.

La lutte contre la vacance commerciale est aussi en haut des priorités affichées d'élus locaux et de l'État avec son programme Action cœur de ville. Les municipalités ont donc la possibilité d'utiliser différents leviers comme le droit de préemption commercial, la taxe sur les commerces vacants ou encore la mise en place d'un outil de portage foncier afin de racheter des magasins abandonnés. En effet, pour être efficace et s'accommoder de la dispersion du foncier commercial auprès de nombreux propriétaires, la création d'une société foncière locale peut s'avérer nécessaire. Sur ce thème aussi, le sujet avance lentement. D'après le rapport de la commission de l'aménagement du territoire de l'Assemblée nationale[43], seulement 235 communes et 31 établissements publics de coopération intercommunale (EPCI) avaient mis en place, en 2018, la taxe sur les friches commerciales, impôt pourtant créé en 2006[44].

Plus généralement, pour résorber plus efficacement la vacance, à nous de faire du gaspillage des mètres carrés un enjeu et d'inciter les élus locaux à s'emparer des différents outils techniques, urbanistiques, fonciers, fiscaux à leur disposition pour lutter contre ces phénomènes.

Explorons maintenant comment intensifier les espaces déjà utilisés.

Augmenter la durée d'utilisation et améliorer le taux d'occupation : des grands principes à activer

Afin de lutter contre le gaspillage des mètres carrés en ville en intensifiant les usages, différentes approches sont possibles. L'une d'entre elles consiste à accroître le taux d'utilisation d'un espace en l'investissant sur des horaires élargis. Cela réduit alors les périodes d'inactivité. On peut également de manière cumulative augmenter le taux d'occupation d'un

43. 26 janvier 2022.
44. « Un arsenal de mesures contre la vacance commerciale en centre-ville » par N. Da Cruz, *La Gazette des communes*, citant le rapport de la commission de l'aménagement du territoire de l'Assemblée nationale, 2022.

espace. Il s'agit alors d'utiliser les lieux de manière plus importante en augmentant le nombre d'usagers qui les fréquentent. Ces deux approches conjuguées permettent de révéler tout le potentiel d'utilisation d'un espace.

La mutualisation

Augmenter l'utilisation d'un espace en gardant la même fonction mais en élargissant l'éventail des usagers, c'est possible, c'est ce qu'on appelle la mutualisation et c'est déjà une réalité dans bien des territoires. C'est même parfois plus répandu qu'on ne l'aurait imaginé et dans de nombreux domaines et catégories d'actifs. Des logements aux bureaux en passant par les universités.

Des exemples, comme le bâtiment d'enseignement mutualisé (BEM), émergent : le 19 décembre 2023, un bâtiment d'enseignement mutualisé partagé entre sept établissements d'enseignement supérieur et de recherche a été inauguré dans le quartier de l'École polytechnique à Palaiseau sur le plateau de Saclay[45] (École polytechnique, AgroParisTech, Télécom Paris, Télécom SudParis, ENSTA Paris, ENSAE Paris et Institut d'optique Graduate School). Ces écoles ont choisi de mutualiser leurs espaces d'enseignement « afin d'optimiser les surfaces construites et le temps d'occupation des salles, dans une démarche

---

45. Inauguration d'un batiment d'enseignement mutualisé (www.polytechnique.edu).

responsable d'utilisation des ressources », selon un article publié sur le site de l'école Polytechnique. L'ambition affichée est aussi « d'héberger des projets interétablissements multidisciplinaires » et de favoriser les rencontres fortuites. Un bel exemple d'intensification des usages.

Le logement

Le coliving[46] — littéralement vivre ensemble — consiste à vivre à plusieurs personnes dans un même bien loué en meublé. L'habitation meublée se décompose en espaces personnels privatifs (chambre, parfois salle de bains et petite cuisine) et partagés (salon, salle à manger et cuisine, bureaux, et parfois aussi bibliothèque, salle de projection, salle de sport, etc.). L'intimité de chacun est ainsi préservée tout en vivant en « communauté ». Un opérateur assure la gestion des équipements, évitant les litiges indémêlables. Finies aussi les colocations qui dégénèrent car un des colocataires souhaite prendre son envol, remettant bien souvent en cause la viabilité de l'ensemble de la colocation en elle-même.

« Parce qu'elles offrent souvent des conditions d'accès au logement plus faciles que dans le secteur du logement traditionnel, et plus flexibles lors du départ, les espaces de coliving peuvent intéresser les

---

46. Quelques exemples d'opérateurs de coliving : Colonies, La Casa Coliving, Sharies, The Babel Community, Nexity avec Urban Campus, Axa avec Kley, Bouygues et Vinci qui ont créé leur propre marque de coliving.

actifs en mission pour quelques mois, des personnes en transition dans leurs vies suite à une séparation par exemple ou un changement professionnel, ou encore les séniors qui cherchent à fuir l'isolement » (*op. cit.*, Bouygues Construction, 2021). Depuis le confinement, certains ressentent un besoin légitime de liens sociaux. Or, là-bas, vous vivez seul sans l'être. L'offre proposée reste néanmoins à ce stade assez onéreuse. Ainsi dans mon arrondissement, le 12ᵉ, la location d'une chambre de 11 m^2 en coliving coûte aussi cher que la location d'un studio de 20 m^2. Voilà sans aucun doute le défi du coliving pour demain : devenir tout simplement plus abordable, comme c'est déjà le cas dans certains pays étrangers. Un défi que les opérateurs, qui ne pourront plus simplement arguer de l'offre de service augmentée, vont devoir relever au risque de disparaître.

Depuis les années 1970, s'est également développé le cohabitat, habitat coopératif ou participatif (*cohousing* en anglais). Avec des espaces de vie en commun et une promesse de soutien et d'entraide, le cohabitat va bien au-delà du simple partage d'un toit. Il met à l'honneur une vie plus « humaine » et solidaire centrée sur l'échange et le partage. Le cohabitat est pour le moment surtout répandu dans les pays scandinaves mais aussi en Allemagne ou en Belgique. À Oslo, 40 % du parc de logements est ainsi constitué de sociétés coopératives d'habitants.

Dans les logements « classiques », la mutualisation des espaces peine encore à émerger. L'existence de chambres d'amis partagées, d'ateliers ou de buanderies communes reste exceptionnelle, quand le partage de terrasses ou des jardins est déjà plus courant. Pourtant la création d'espaces communs permet de faire bénéficier aux habitants de plus de mètres carrés et limite également l'achat et la consommation de biens (électroménager, meubles...) grâce au partage des équipements. On libère ainsi les placards et on soulage les esprits. Une sobriété heureuse en somme qu'on devrait pousser et réclamer partout.

Le travail

Bien sûr le monde du travail n'est pas en reste. Les espaces de coworking, qui ont connu un essor important ces dernières années, en sont la preuve par excellence. Ils donnent accès à des équipements de qualité à peu de frais et permettent de réduire l'isolement, de créer du lien et de faciliter les échanges. La mutualisation des espaces de travail n'est d'ailleurs plus réservée aux « métiers de bureau ». Dorénavant, à l'étranger, des plateformes se développent à destination de professionnels dont le métier nécessite un espace et des équipements particuliers : Smart rooms, The Wave, Be cook... Ainsi, les coiffeurs, thérapeutes, professions de l'esthétique et autres charcutiers traiteurs ou *foodies* peuvent avoir accès à ces espaces professionnels à partager. Un concept qu'il serait utile de développer en France.

Même l'administration française se met au coworking. L'ETAP (espace de travail des agents publics) est

« le premier espace de ce type dédié aux agents publics franciliens des trois versants de la fonction publique ». Situé dans le 9e arrondissement de Paris, l'ETAP a vocation à accueillir gratuitement les agents en télétravail qui souhaitent « bénéficier d'un lieu parfaitement équipé, retrouver un collectif de travail stimulant et rompre avec l'isolement ; mais aussi les agents nomades qui souhaitent éviter des heures de transport à rallonge avant, après ou entre deux réunions ; ou encore les équipes projets à la recherche d'un espace neutre facilitant le travail collaboratif et créatif », selon la présentation qui en est faite sur leur site internet.

Mais loin du coworking, l'intensification de l'utilisation des bureaux peut largement être massifiée et infuser l'ensemble du secteur tertiaire. L'enjeu est là ! Ne pas se satisfaire de l'existence de lieux pour coworker, mais bien convertir la majorité du secteur tertiaire à intensifier les usages de leurs bâtiments. L'intensification passe alors par le prêt ou la mise en sous-location d'espaces de travail auprès d'entreprises, d'associations, de particuliers, qui ont un besoin pendant ou en dehors des horaires habituels comme le soir ou le week-end. Cette intensification nécessite néanmoins d'assurer la confidentialité des activités qui y sont pratiquées. Oui au partage des locaux mais pas des secrets industriels ! Certains espaces de nos immeubles de bureaux, comme les halls, les amphithéâtres et salles de conférences, les restaurants d'entreprises ou les surfaces extérieures, se prêtent d'ailleurs bien plus volontiers que d'autres à cette intensification des usages. Ils gagneraient à devenir de véritables lieux mixtes ouverts sur leur quartier et accessibles à une pluralité d'activités et d'acteurs pour devenir de réels « communs urbains ». BNP Paribas Real Estate l'a fait avec son siège Metal 57 qui recueille en son sein une « rue intérieure » ouverte à tous, avec restaurants et services.

Le stationnement

Avec la réduction croissante de la place de la voiture dans les grandes villes et l'essor des moyens de transport doux, les places de parking, qui sont sous-utilisées dans les immeubles résidentiels ou de bureaux, peuvent se voir proposées à d'autres utilisateurs que ceux à qui elles étaient initialement destinées. Plusieurs opérateurs en ont fait leur business en offrant un service de parking horaire ou mensuel *via* un réseau de parkings partagés. Zenpark, par exemple, promet ainsi « d'optimiser le stationnement en donnant aux automobilistes une alternative pour se garer sur des places laissées vacantes dans des parkings privés usuellement non disponibles (résidences, hôtels, immeubles de bureaux...) ».

Les toits

Intensifier les usages est possible « du sol au plafond », de nos parkings souterrains aux toits des immeubles. Ils représentent une surface non négligeable de nos villes, aujourd'hui largement sous-exploitées. Rien qu'à Paris par exemple, on compte, selon l'Apur, 128 000 toitures représentant 32 millions de mètres carrés dont 24 000 d'entre elles disposent d'une surface plate supérieure ou égale à 50 mètres carrés. C'est une opportunité à saisir : nos toits peuvent être transformés en espaces exploitables et actifs permettant, quand c'est possible, de créer de nouveaux espaces extérieurs conviviaux ou encore d'être peints ou végétalisés pour atténuer les effets du dérèglement climatique et améliorer la biodiversité.

Logement, bureau, stationnement, etc., tout peut être mutualisé, même la route, la chaussée. Ainsi, les zones de circulation partagée sont affectées à la circulation d'absolument tous les usagers : piétons, vélos, trottinettes, et voitures... On les retrouve (et ce n'est pas un hasard) dans les espaces animés et fréquentés où la vie locale est riche et développée.

Dans les logements, les bureaux, dans l'espace public, la mutualisation progresse. C'est à n'en pas douter un axe essentiel de travail, une clé centrale pour permettre l'intensification des usages de nos mètres carrés. Mais d'autres procédés peuvent être mis en œuvre et cumulés, comme l'hybridation.

L'hybridation

Moins répandue mais tout aussi essentielle pour intensifier les usages de nos mètres carrés, l'hybridation est la possibilité d'utiliser un même lieu pour différents usages. C'est le cas par exemple du site

Garage ouvert à Lille en 2021, un lieu qui se transforme et s'adapte en permanence pour répondre aux besoins de ses utilisateurs : tantôt espace de coworking, espace commercial, lieu festif ou sportif, espace de restauration, ce site a réussi à multiplier par quatre l'utilisation de ses mètres carrés grâce à l'hybridation. Parce qu'elle implique la transformation rapide d'un espace, l'hybridation nécessite des aménagements simples et des dispositifs légers à utiliser : cloisons, portes, meubles amovibles, coulissants ou déplaçables, prises au plafond.

L'hybridation s'applique déjà dans nos villes, dans nos salles communes et autres MJC, qui sont par définition destinées aux habitants pour un éventail d'utilisations. Mais tous les types d'espaces peuvent être hybridés. Même les logements. Un lit escamotable qui se dissimule dans le plafond, un bureau qui disparaît une fois rabattu, une table modulable presque invisible, cela fait des années que les enseignes rivalisent d'ingéniosité pour que nous optimisions au maximum nos petits logements avec des meubles pensés intelligemment. Et si on appliquait ces principes dans tous les types d'espace et pas seulement dans « les très petites surfaces » qui l'imposent ? Cela nous permettrait d'hybrider nos mètres carrés bien plus facilement, d'intensifier leurs usages et finalement d'agrandir nos espaces de vie.

Comme les bâtiments, l'espace public peut être hybridé et accueillir une diversité d'usages dans le temps. L'exemple absolu et presque intemporel ancré dans l'imaginaire français est celui de la place du village qui accueille une alternance d'usages parfois très temporaires. Tantôt utilisée en parking ou reconfigurée pour accueillir le marché, le cirque itinérant, une exposition en plein air, un bal populaire, un concert ou encore les vœux des élus municipaux, la place du village s'adapte en permanence aux usages et aux besoins du moment. C'est la quasi-neutralité de son aménagement initial qui fait de cet espace public un lieu propice à l'intensification des usages permettant une multiplicité d'usages successifs. « L'approche temporelle peut passer par un aménagement de l'espace public pré-équipé facilitant son appropriation et laissant aux usagers une grande liberté d'utilisation. C'est l'exemple des chaises déplaçables du jardin du Luxembourg à Paris, idée appréciée et reprise par plusieurs municipalités dans le monde pour leurs propres parcs »[47].

Dans plusieurs villes françaises, on détourne dorénavant l'usage des places de stationnement qui prennent une nouvelle dimension aux beaux jours. La période estivale autorise ainsi leur transformation en terrasses éphémères, comme c'est le cas à Paris depuis la crise sanitaire du 1er avril au 31 octobre.

La voie publique peut également être hybridée et s'adapter à la variation des usages au cours de la journée. Des villes comme Washington DC l'ont bien

---

47. Bouygues Construction, *op. cit.*, 2021.

compris et font varier le curseur de certaines voies en décidant d'inverser le sens de circulation au cours de la journée afin de réguler et désengorger le trafic. D'autres font évoluer en fonction des horaires le nombre de voies de circulation aux heures de pointe en jouant sur le stationnement comme à Los Angeles.

Cette hybridation des usages dans l'espace public doit être poursuivie et renforcée en veillant demain à casser plus qu'on ne le fait aujourd'hui « l'entre-soi générationnel », social ou celui des genres qui prévaut encore bien trop souvent dans nos territoires (S. Lavadinho, *op. cit.*).

Les tiers-lieux, ces pionniers inspirants

En matière de mutualisation et d'hybridation — donc d'intensité d'usage — les tiers-lieux sont des pionniers inspirants. Ces lieux « partagés » se sont développés comme des petits pains, et on en redemande ! « Leur poids économique, lui, a triplé depuis 2021 et atteint 882 millions d'euros de chiffres d'affaires à l'année » selon France tiers-lieux. Espaces ressources, de services, de loisirs, d'apprentissage, de sociabilisation ou de travail, ils diffèrent par leur modèle économique, leur forme juridique ou leurs fonctions. Ils permettent d'inventer et d'expérimenter de nouvelles pratiques et sont en quelque sorte devenus des microcosmes avant-gardistes. Ce sont par excellence des lieux hybrides, souples et adaptables. Ils mutualisent les ressources et sont typiquement des exemples d'espaces où se croisent des temporalités. Les premières mesures d'impact en ce qui concerne l'intensité des usages de ces lieux sont éloquentes : une ouverture de 91 heures par semaine en moyenne, soit un taux d'utilisation d'un peu plus de 54 %[48]. « Le concept de tiers-lieux, qui fait coexister espaces de travail, de culture et de loisirs, permet de recréer de l'usage. Mais aussi de redonner vie à des endroits délaissés. Ce sont des outils d'une puissance folle qui donnent du sens à l'aménagement des villes », explique Stéphane Vatinel[49], créateur de plusieurs d'entre eux. Ce sont aussi des catalyseurs de liens sociaux.

Chacun commence à avoir une expérience, un vécu des tiers-lieux. Laissez-moi vous parler du plus emblématique de mon arrondissement mis en avant en couverture de cet ouvrage : Ground Control qui se déploie depuis 2017 à proximité de la Gare de Lyon dans une ancienne halle de tri postal de la SNCF, la halle Charolais. Son projet mêle action culturelle, sociale, développement durable et alimentation. Cet espace de 6 500 m² est un lieu qui a participé très concrètement à changer l'image de mon arrondissement.

En créant des espaces de diversité sociale, en réanimant un lieu délaissé, en accueillant de multiples

---

48. Selon l'agence Sinny&Ooko (le Comptoir Général, la REcyclerie, le Pavillon des Canaux, la Cité Fertile, la Halle aux Poissons…) sur les tiers-lieux qu'elle a mis en place.
49. Ludovic Bischoff, « Stéphane Vatinel, l'homme qui réenchante les friches urbaines », *Les Échos*, , 2021.

services et équipements en leur sein, certains tiers-lieux remplissent de fait des missions de service public. Et si finalement avec l'intensification des usages, il ne s'agissait pas simplement de proposer de transformer nos villes en un agglomérat de multiples tiers-lieux ?

Une autre façon d'intensifier les usages est d'élargir l'utilisation de nos bâtiments dans le temps. Pratique vertueuse car plus un bâtiment ou un espace rendra service intensément et sur un temps long, moins son coût carbone sera élevé. Bien sûr, à moins d'être « Madame Irma », personne ne sait à quoi demain ressemblera. Il devient alors essentiel de préserver l'incertitude, de lui permettre d'exister en donnant à nos bâtiments la capacité de muter grâce à la réversibilité.

La réversibilité

Ce terme désigne la capacité d'un lieu à être transformé afin d'accueillir d'autres usages. Concevoir réversible consiste à anticiper la future vie d'un site en mettant en œuvre des programmes non définitivement affectés pouvant accueillir au fil des années à la fois des espaces de bureaux, de logements, des commerces, etc. Nécessitant d'être crantée dès la phase de la programmation, la réversibilité doit dicter la réglementation à privilégier, la façon de concevoir, les modalités d'aménagement pour définir au mieux les choix techniques, urbanistiques et architecturaux qui rendront la transformation des usages du bâtiment possible : insertion dans le quartier, hauteur des étages, conception des réseaux, entrées distinctes, etc.

Sur le plan financier, un bâtiment réversible coûte plus cher à produire[50], mais il permet, grâce à sa conception particulière, de diminuer les dépenses sur le long terme, l'ampleur de la transformation à venir et en regard les nuisances qu'elle pourra générer. Construire réversible engendre donc à la fois un surcoût mais offre une valeur accrue au bien créé. C'est un investissement.

Aujourd'hui, de nombreux architectes — Anne Demians, Patrick Rubin ou encore Frank Boutté pour ne citer qu'eux — travaillent à élaborer ces bâtiments particuliers qu'on aimerait voir se généraliser. Les choses avancent. À l'occasion des Jeux olympiques et paralympiques (JOP) de 2024, on a fait le choix de construire des bâtiments réversibles. Ce fut d'ailleurs un argument clé dans la stratégie autour de l'héritage des JOP pour remporter leur organisation. Et, on l'a dit plus haut, dans plusieurs villes, l'idée de la transformation de bureaux en logements séduit. Néanmoins, cette ambition est freinée car la faisabilité des projets est très variable et le processus particulièrement onéreux dès lors que cette possibilité n'a pas été intégrée dès l'origine. Dans ces conditions et pour demain, n'avons-nous pas intérêt à systématiser la construction

---

50. Surcoût de l'ordre de 5 à 20 % lors de la construction initiale selon la note de tendance #1 #réversibilité (juillet 2020).

réversible de certains types de bâtiments ? Vous l'aurez compris, pour moi, c'est un grand oui !

Les différents aspects à prendre en compte pour intensifier les usages

Mixité, mutualisation, hybridation, réversibilité... Intensifier les usages d'un immeuble qui n'existe pas encore, d'un quartier à venir nécessite quelques préalables. Mais rien ne pourra l'entraver si, dès le départ, un certain nombre de précautions sont prises. Juridiques d'abord, avec plusieurs destinations possibles dans le droit de l'urbanisme pour se donner une plus grande marge de manœuvre dans le temps. Techniques et architecturales ensuite, en actant des caractéristiques de conception ou d'aménagement précises : hauteur des étages, conception des réseaux, organisation des circulations verticales, normes ERP, etc. Enfin, la co-construction avec les usagers permettra de penser un projet qui collera aux besoins et aux attentes de celles et ceux qui fréquenteront l'immeuble. *A contrario*, parce qu'elle n'aura pas été prévue dès le départ, l'intensification des usages sera de fait potentiellement plus complexe à mettre en œuvre dans la ville existante, la ville « déjà là ». Mais parce qu'elle représente plus de 80 % de la ville de demain, il est impératif de la rendre effective en levant les obstacles qui aujourd'hui la paralysent.

Droit et intensification des usages

La question juridique est particulièrement anxiogène aux yeux de ceux qui veulent se lancer dans l'intensification des usages. C'est d'ailleurs l'un des freins principaux énoncés par les protagonistes. Pourtant n'oublions pas : le droit est, parmi d'autres, « une science de l'action, d'abord là pour faire, pour construire des horizons possibles, et non pour interdire et empêcher d'agir[51] ». Michèle Raunet et Raphaël Léonetti, notaires de l'étude Cheuvreux engagés avec moi sur ces sujets, aiment rappeler qu'« à droit constant, tout est possible ou presque » en matière d'intensification des usages. Il faut simplement savoir mobiliser les bons leviers. Le droit est une affaire de spécialistes. N'étant pas moi-même juriste, cette partie est directement tirée du travail réalisé par le cabinet de notaires Cheuvreux et son laboratoire d'innovation, qui ont accepté dès le départ d'intégrer la démarche que j'ai lancée pour lutter contre le gaspillage immobilier. Qu'ils en soient ici remerciés.

L'occupation complémentaire devra nécessairement s'accorder avec les droits préexistants sur le bien (pour un propriétaire : les droits d'occupation déjà consentis ; pour un locataire : les termes de son titre d'occupation ; pour un copropriétaire : le règlement de copropriété) ou, à défaut, avoir obtenu les

51. *La Ville face au changement climatique*, Camille Mialot, 2020.

autorisations (du bailleur, de la copropriété...). Les outils dépendront de la qualité du propriétaire, mais aussi de savoir si celui-ci met en place lui-même ou délègue à un tiers l'intensification de l'usage du bien. Et également du caractère pérenne ou temporaire de cette intensification.

Certains biens sont, par nature, dédiés à l'usage du public et appartiennent à des personnes morales publiques. De ce point de vue, une modification de l'affectation initiale du bien, si le propriétaire est porteur de projet, est envisageable. C'est la solution mise en place par la Ville de Paris, par exemple pour ouvrir au public des cours d'école supplémentaires le samedi. Est également envisageable la conclusion d'une convention d'occupation du domaine public ou d'une superposition d'affectation au profit de tiers afin de développer le partage des utilités d'un bien.

Pour les biens privés, il s'agira de modifier un règlement intérieur ou bien, lorsqu'un tiers est porteur de projet, de conclure à son profit un bail civil ou commercial pour une utilisation pérenne ou, pour une occupation provisoire, une convention précaire ou un prêt à usage. De ce point de vue, la souplesse du droit civil permet de trouver les solutions adaptées pour permettre cette occupation complémentaire. En toute hypothèse, la concrétisation de cette deuxième réponse passe par une nécessaire concertation de tous les acteurs concernés, propriétaires, gestionnaires, occupants, usagers, afin de pouvoir identifier les besoins de chacun et développer les bonnes pratiques. D'autres acteurs, comme les assureurs, doivent également être mobilisés pour favoriser l'efficacité des montages.

Ensuite, l'adaptation des lieux pour ces nouveaux usages suppose l'obtention de certaines autorisations administratives. Ouvrir un lieu au public ou simplement l'ouvrir différemment suppose éventuellement selon les cas l'obtention d'une autorisation administrative au titre de la législation des établissements recevant du public et le respect des règles y relatives.

Du point de vue du droit de l'urbanisme maintenant, tout dépendra du point de savoir si l'utilisation complémentaire du bien peut se rattacher à la destination initiale. Et elle peut le faire de deux manières : soit en s'inscrivant dans la même sous-destination au sens du code de l'urbanisme (par exemple, établissement d'enseignement supérieur qui accueille des services sociaux) ou bien en constituant une destination accessoire, parce qu'elle ne modifie pas la vocation principale de la structure. Dans ces deux cas, par principe, si elle n'est pas accompagnée de travaux sur les structures porteuses ou modifiant la façade, l'occupation complémentaire pourra s'implanter sans formalités, pourvu que les dispositions du PLU soient respectées. À défaut, lorsque l'occupation complémentaire est aussi importante que l'occupation initiale, le droit pourrait utilement évoluer.

Le permis réversible

Pour faire cohabiter plusieurs usages dans un même lieu, diverses évolutions législatives ont été entreprises ces dernières années sans pour autant apporter pleinement satisfaction : permis d'expérimenter (qui n'est plus en vigueur), permis d'innover (qui permet de déroger à certaines règles de construction pour donner vie à des bâtiments durables évolutifs et multifonctionnels), permis à double état (qui permet deux destinations successives pour un bien — état provisoire/état définitif — mais qui a été institué précisément en prévision des Jeux olympiques et paralympiques de 2024).

Si ces dispositions demeurent trop confidentielles et complexes, elles ont permis à quelques grands projets phares de voir le jour. Ainsi, par exemple à Bordeaux, un premier permis de construction sans affectation a été utilisé pour produire Tebio, un immeuble mi-logement, mi-bureau, qui se veut démonstrateur de la construction réversible. Les pouvoirs publics ont commencé à prendre conscience de l'intérêt que peut représenter la construction réversible. Ainsi, un projet de loi visant à favoriser la transformation de bureaux en logements a été voté à l'Assemblée nationale en première lecture en mars 2024. Ce texte prévoit également la mise en place d'un permis réversible. Il instaure le fait que la demande de permis de construire peut porter sur un projet de construction nouvelle comportant plusieurs destinations possibles : il s'agit là d'une avancée.

La réglementation incendie

En France, pour protéger les occupants, les constructeurs doivent appliquer des mesures de sécurité incendie dès la conception d'un bâtiment et tout au long de son exploitation (le compartimentage, la résistance et la réaction au feu, le désenfumage, l'évacuation, la détection d'incendie, etc.). Bien sûr, les obligations varient selon la nature, le type, la taille, l'organisation mais aussi l'usage du bâtiment. Sur un programme mixte, la règle la plus contraignante de l'ensemble du programme doit être appliquée. Cette réglementation est souvent pointée du doigt comme étant un frein important à l'intensification des usages.

La complexité du sujet réside aussi peut-être aujourd'hui dans le fait que la réglementation incendie est soumise à trois réglementations distinctes qui relèvent de trois ministères différents : celui de l'Intérieur, celui du Travail et celui ayant en charge le logement. Selon la catégorie de l'espace à intensifier (bâtiments à usage professionnel, bâtiments à usage d'habitation, établissement recevant du public), la réglementation est différente. À noter que chaque cas est un cas d'espèce et qu'il est toujours possible de demander des dérogations à la commission de sécurité et à l'autorité de police – qui, dans l'immense majorité des cas, est le maire.

Pour simplifier les problématiques rencontrées, une grande conférence réunissant l'État, les pompiers, les élus et le secteur privé est nécessaire. Je l'appelle de mes vœux. Fixer une réglementation incendie commune entre bureaux et logements serait déjà un bon point de départ.

L'assurance

Par nature, les assureurs exècrent la vacance, qu'elle soit pérenne ou « chronotopique ». Ils accueillent ainsi favorablement presque par principe le concept d'intensification des usages. Car un bien vacant se dégrade plus vite, et si un immeuble est vide, personne ne peut alerter les secours en cas d'incendie. Les assureurs avec qui j'ai pu m'entretenir de ces sujets soulignent néanmoins l'importance de la contractualisation en cas d'intensification des usages. La rédaction d'une clause spécifique générale et son ajout dans les contrats seraient de nature à simplifier les démarches à l'avenir.

En guise de conclusion de ces quelques mots sur le droit, si on peut faire beaucoup à droit constant, on peut aller plus loin, plus vite, plus fort et surtout plus simple, si on améliore la réglementation. Je suis convaincue que certaines évolutions du droit permettraient de faciliter les projets, voire d'inciter les aménageurs à aller plus loin[52]. En effet, comment convaincre un porteur de projet de s'engager vers une intensification des usages si on ne peut pas lui garantir qu'il sera effectivement en mesure de pouvoir

52. Apur/Lab Cheuvreux, Urbanisme transitoire – Solutions juridiques, novembre 2021.

faire évoluer son projet du point de vue du droit et des règles d'urbanisme locales ? Pour des intensifications d'usages temporaires, et plus généralement pour l'urbanisme transitoire, la création d'une déclaration préalable précaire ou bien d'une autorisation spécifique serait une simplification majeure, toujours selon les notaires Cheuvreux.

Un programme peut être de nature changeante. Trouvons des solutions pour ne pas entraver les mains de ceux qui conçoivent, construisent et gouvernent la ville, pour que ceux qui la vivent puissent pleinement en profiter.

La question de la gestion

Intensifier l'utilisation des espaces impose une gestion forcément un peu plus complexe que le vide béant laissé par le mono usage aux horaires étriqués. Elle nécessite en effet une organisation entre les parties prenantes établissant des relations contractuelles économiques et financières, une répartition précise des responsabilités et une logique d'accueil et de prise en main des usagers occasionnels. « Ces préalables » peuvent être opérés par le biais d'un opérateur qui gère l'édition et la signature de chartes d'utilisation et de conventions, les tarifs comme le paiement, ou encore l'accueil. Il doit aussi pouvoir gérer les éventuels conflits, garantir la sécurité et la propreté, etc. Ces aspects réfrènent mais, comme on l'a vu précédemment, le jeu en vaut la chandelle, les bénéfices en termes d'attractivité et d'innovation pouvant venir compenser la complexité de la gestion.

Souplesse, transparence et professionnalisation. Trois mots qui devraient caractériser ce que la gestion de l'intensification des usages devrait être. Alors évitons de faire ce qu'on a toujours fait : ranger les choses dans des cases et des catégories et les maintenir ainsi figer. Au contraire, promouvons une gestion souple et organisée comme telle : avec des clauses de revoyure, des moments réguliers d'échanges et de remise à plat, et la possibilité de s'échapper facilement si la situation l'exige, comme le suggère Sylvain Grisot dans un podcast pour dixit.net. En bref, tout cadrer sans rien figer. En termes de gestion, il faut bien sûr éviter de morceler les responsabilités et opter pour un schéma clair : la mise à disposition (à titre gracieux ou non) d'un bien par un propriétaire à un tiers responsable. Bien évidemment rien n'empêche le tiers de s'entourer, voire de déléguer une partie de la gestion (aménagement, programmation...) à d'autres acteurs. Mais pour réussir à juxtaposer différents usages dans un même lieu, il faut que chacun soit porté par un acteur identifié et responsable.

De manière plus générale, changer d'échelle et réellement intensifier les usages de nos villes supposent le développement de nouveaux modèles économiques comme de nouveaux métiers. S'agissant de l'urbanisme temporaire, cela commence à devenir réalité. Un marché est en train de se constituer avec des acteurs et des méthodes véritablement spécialisés dans la gestion de l'urbanisme temporaire. « Des procédures se structurent aussi dans ce domaine au sein des collectivités et chez les bailleurs, promoteurs, et autres aménageurs : appels à manifestations d'intérêt pour l'occupation de bâtiments, appels d'offres dédiés pour des assistants à maîtrise d'ouvrage en urbanisme transitoire ou en aménagements temporaires, etc.[53] » (B. Pradel). Dans ce prolongement, un concept récent se développe et pourrait s'intéresser plus spécifiquement à l'intensification des usages : l'assistance à maîtrise d'usage (AMU) dont l'objectif est de mettre les usagers au cœur des projets. « À la fois approche, démarche, méthode et missions professionnelles, l'AMU regroupe des disciplines et compétences différentes issues des sciences humaines et sociales (sociologie, psychologie sociale, anthropologie, etc.), du design, de l'architecture, de l'aménagement spatial, de l'ergonomie, du coaching », selon la description qui en est faite dans le livre blanc de l'AMU. Cet acronyme fait bien sûr écho à l'AMO (assistance à maîtrise d'ouvrage) utilisé communément par les professionnels de la fabrique de la ville. Il n'existe pas encore de définition officielle ou unique de l'assistance à maîtrise d'usage, mais il s'agit d'un accompagnement vers une qualité des usages dans

53. « M3 : du temporaire au transitoire. Retour sur la prise en compte du temps dans l'urbanisme », Benjamin Pradel, 2021.

lequel le combat pour l'intensification des usages peut prendre toute sa place.

Une chose est sûre, l'intensification des usages impose de former certains personnels à des missions qu'ils n'effectuent pas encore (gestion, accueil, service de sécurité incendie et d'assitance aux personnes...), de repenser le jeu d'acteurs et à en faire émerger de nouveaux qui n'existent même pas encore : « urbanistes des temps et des usages », « diagnostiqueurs d'usages temporo-spatiaux », « cartographes chronotopiques », « hybrideurs », « gestionnaires coordinateurs », « facility managers », « ingénieurs sociaux », etc. Des emplois spécifiquement consacrés à la question de l'intensification de nos mètres carrés, de l'immeuble au quartier, de la conception d'espaces à leur gestion au quotidien.

Et qui dit « nouveaux métiers » dit « nouvelles formations ». On y vient pour les tiers-lieux, « ces pionniers de l'intensification des usages ». Yes We Camp[54], Ancoats, Codesign-it et l'université Paris-Est Marne-la-Vallée ont ainsi créé en 2018 un diplôme universitaire « Espaces communs », une formation professionnelle dédiée à la gestion de tiers-lieux avec le souhait que des expérimentations d'espaces communs se développent dans de nombreux contextes et territoires. Cette formation a pour

---

54. Voir site internet, diplôme universitaire « Espaces Communs ».

vocation « d'encourager l'essaimage, en rassemblant les acteurs concernés [...] ». Parce que la formation est un point clé, ne pourrait-on pas bientôt développer un diplôme universitaire « Intensification des usages » ? La sensibilisation aussi est essentielle. Pourquoi ne pas désigner dans nos différentes structures et entreprises des « référents d'intensification des usages » et autres « ambassadeurs anti-gaspi des espaces » dont la mission serait d'informer et de diffuser les bonnes pratiques ?

On le sait, la transition écologique ne se fera pas sans difficultés ni tension en matière d'emploi. Certains secteurs d'activité émergeront, d'autres disparaîtront. Quoi qu'il en soit, l'intensification des usages y jouera à coup sûr un rôle.

À L'INTENSITÉ, CITOYENS ! TOUS ACTEURS DU CHANGEMENT

Il ne suffit pas d'appeler le changement pour qu'il advienne. Il faut créer les conditions du changement. Ainsi, il ne suffit pas de décréter que les gens doivent faire du vélo pour qu'ils s'y mettent, mais subventionner l'achat de bicyclettes, créer des pistes cyclables sécurisées, des environnements apaisés pour donner envie à tous d'enfourcher sa petite reine pour ses trajets quotidiens. S'agissant de la révolution de l'intensité d'usage, c'est pareil. Interrogeons la façon dont on accompagne la transition pour créer une intensification des usages non pas punitive et culpabilisatrice mais incitative et désirable, car on aura créé les conditions pour qu'elle se déploie harmonieusement.

Chacun de nous possède une partie de la solution pour la mise en œuvre de l'intensification des usages : élus, architectes, urbanistes, assureurs et notaires, constructeurs, mais aussi citoyens, associations, etc. Nous sommes tous des acteurs du changement.

Individuellement bien sûr, en encourageant l'usage et le partage. Quand on possède un bien, une maison secondaire, il ne faut pas hésiter à la louer, la prêter, pour en intensifier l'usage et éviter les périodes de vacances trop longues. On peut aussi — pourquoi pas — décider de faire une « bonne action » en intégrant un dispositif d'hébergement solidaire comme celui lancé par Utopia 56[55]. En effet, autant que ces superficies temporairement vides soient utilisées, qui plus est par des familles dans le besoin. Sinon, ce sont autant d'espaces perdus. Individuellement surtout, chacun devrait ne plus tolérer mais aussi signifier et protester lorsque sa municipalité, son entreprise, ou une structure qu'il connaît, gaspillent les mètres carrés. On juge de l'action positive ou non d'une collectivité à quelques critères bien pauvres quand d'autres, s'ils étaient un peu considérés, permettraient de faire des progrès énormes au service du bien commun. Et si demain le taux d'intensité d'usage et celui de la vacance faisaient partie des critères clés qui feront que chacun appréciera ou non la qualité de l'action d'une collectivité sur un territoire ?

---

55. Expérience relatée dans l'article de Pauline Darvey, *Le Parisien*, 15 août 2023.

Afin d'intensifier les usages de nos bâtiments et de nos espaces, nous aurons besoin de tous. Individus comme communautés. Public comme privé. Citadins comme ruraux.

Le secteur privé à la bascule

Il se passe quelque chose. Si nous ne sommes pas encore dans le « time for business », le monde de la fabrique de la ville frétille à l'évocation de l'intensité d'usage, secteur privé inclus. En me frottant à ce thème pourtant, j'ai spontanément anticipé la crainte, voire l'opposition de certains « constructeurs » qui font la ville et qui, parce qu'ils pourraient y voir là une manière de nuire à leur business, freineraient des quatre fers. Loin de cette posture caricaturale, j'ai trouvé quelques acteurs privés de la fabrique de la ville ouverts, enthousiastes et parfois même avant-gardistes. Ils ont bien compris leur intérêt. Ces pionniers, sans se résumer à une poignée d'exceptions, ne sauraient pour autant constituer le « gros » du secteur. Néanmoins, force est de constater qu'une évolution est en marche. Il n'y a pas encore de modèles économiques de l'intensification des usages, mais on n'en a jamais été aussi proche.

En 2020, j'ai eu la chance de participer à la création de l'Université de la Ville de Demain. Cette initiative portée par Bertrand de Feydeau, alors président de la Fondation Palladio, accompagné de Méka Brunel, a pour but de faire coopérer des dirigeants pour les pousser à prendre des initiatives à fort impact social ou environnemental concernant la ville. La recette de l'Université de la Ville de Demain (UVD) : briser les silos entre le public, le privé et la société civile. Des actions collectives rassemblant des coalitions d'acteurs de ces trois secteurs ont émergé. Actions collectives qui, selon la définition proposée par l'UVD, ne nécessitent ni nouvelle loi ni argent public. Simplement des acteurs volontaires qui décident de coopérer et « de se prendre par la main » pour agir. C'est dans ce cadre que j'ai proposé à l'UVD le sujet de l'intensité d'usage et piloté un groupe de travail sur la question dès 2022. J'ai senti une certaine appétence des acteurs du secteur de la ville, et je n'ai pas lâché. J'ai continué à travailler pour faire vivre le sujet.

J'ai aussi souhaité agir sur le territoire dans lequel je suis élue, en proposant de faire de Bercy-Charenton, dernière grande parcelle aménageable de la capitale, un quartier démonstrateur de l'intensité d'usage. Une façon de motiver les troupes quand on connaît l'envie des constructeurs d'avoir des « projets vitrine » dans la plus belle ville du monde au rayonnement international incomparable.

Pour aller plus loin dans les mois qui ont suivi, j'ai finalement décidé de « prendre le taureau par les cornes » et de monter concrètement un groupement d'acteurs publics et privés sur le sujet avec un triple objectif : créer la première échelle de mesure de l'intensité d'usage pour révéler au monde le gaspillage des mètres carrés en ville, publier en open source un guide de bonnes pratiques pour lever les freins, et développer des projets pilotes à haute intensité. Avec Paris and Co, nous avons réuni des experts et des partenaires du public et du privé qui avaient envie d'investir et de s'investir dans l'intensification des usages. Bouygues Construction et sa filiale Linkcity, JLL, Novaxia, SFL et, côté public, la Direction de l'immobilier de l'État, SNCF Immobilier et la Ville de Paris. Un groupement divers de praticiens plongés dans l'opérationnel. Mais pourquoi ont-ils pris la décision de s'engager sur cette question ? Et pourquoi les acteurs privés en général pourraient s'engager sur ce thème ?

On l'a vu plus haut, l'intensification des usages est un potentiel relais de croissance face à une crise majeure de l'immobilier qui fait que les mètres carrés coûtent cher. Il y a donc certainement, en dehors des aspects extra-financiers RSE/ESG et autres objectifs très en vogue, une volonté de tester, de voir si l'intensification des usages peut révéler un nouvel eldorado immobilier générateur de revenus additionnels.

Voici ce que répond Vincent Aurez, directeur de l'innovation, du développement durable et de la communication chez Novaxia, mais aussi spécialiste de l'économie circulaire ; cela fait plusieurs années déjà que son entreprise s'intéresse au sujet de l'intensification des usages : « Chez Novaxia, on a toujours été très sensible à l'économie circulaire, mais il y a quelques années elle n'était pas réellement appliquée à l'immobilier. Déjà, avant le Covid, il y avait un enjeu sur la vacance avec plein de bureaux vides, plus de 3 millions de mètres carrés dans la seule région Île-de-France. D'ailleurs, ce fléau s'accentue, on est aujourd'hui 4,5 millions de mètres carrés de bureaux vides et demain certains prévoient que ce chiffre pourrait atteindre 10 millions. On s'est dit qu'avec ces mètres carrés artificialisés mais vacants, nous avions là une nouvelle ressource, une nouvelle matière première. En plus de ce constat, on a assisté au tout début de l'opération des Grands voisins avec l'association Aurore[56] qui commençait à inviter des acteurs. Nous avons alors vu l'émergence d'un nouvel écosystème. On s'est dit qu'on pouvait créer de la valeur, non financière mais extra-financière, une valeur qui est de plus en plus valorisée, et c'est comme ça que commence le projet du Wonder Liebert avec le collectif d'artistes Le Wonder à Bagnolet, puis des Petites serres, rue Lacépède à Paris avec Aurore, la troupe de théâtre Emersion, Plateau Urbain, et l'Observatoire de l'immobilier durable qui seront nos deux premiers POC [preuve de concept] avec de

56. L'association Aurore accueille et accompagne vers l'autonomie des personnes en situation de précarité ou d'exclusion *via* l'hébergement, les soins et l'insertion sociale et professionnelle (source : site internet de l'association).

nombreux impacts positifs, le tout sans coûter réellement plus cher. Voilà comment on s'est mis à l'intensité d'usage en 2015. Nous avons ensuite constaté que cela avait marché et que nous avions des boucles de rétroaction positives pour l'ensemble de nos parties prenantes : clients, collaborateurs, partenaires... Nous avons alors décidé la même année (2015) de créer le premier fonds immobilier solidaire agréé ESUS, qui a été un succès car il nous a permis d'augmenter la collecte de fonds de 60 %. C'était une première dans le secteur. Tout comme l'intensification des usages, cela vise à concilier le sens et la rentabilité. Cela nous a permis de nous différencier par rapport au marché. Nous étions en train de croître avec ce positionnement qui ne coûte pas tellement plus cher et qui est vertueux. »

Pour Vincent Aurez, les acteurs privés ont tout intérêt à s'engager sur ce thème : « Contrairement à ce que j'aurais pu penser initialement, je suis de plus en plus persuadé que ce n'est pas le manque d'offre qui va permettre à l'intensification des usages de changer d'échelle mais bien la "sur-vacance" qui va pousser les propriétaires à reconsidérer pour des raisons économiques l'usage des mètres carrés. L'intensification des usages est une réponse à une demande très forte de mètres carrés dans des villes en pénurie d'espace disponible, et en même temps une solution face à la sur-production de bureaux qui sont construits dans certains quartiers ou territoires sans considération de leur usage. »

L'intensification des usages commence indéniablement à « embarquer » tout le monde. Confrontés à des problématiques similaires, le public et le privé ont compris l'intérêt de travailler main dans la main sur ce sujet. Parfois, la recomposition des relations entre les acteurs publics et les entreprises privées peut s'inscrire dans un basculement des logiques faisant positivement glisser chacun vers le collectif, au service du bien commun. Si la co-production public/privé demeure incontournable, comme cela a toujours été le cas dans l'histoire de la production de la ville française, elle pourrait associer, peut-être plus qu'elle ne le fait aujourd'hui, la société civile et, *a fortiori via* des procédés participatifs et des consultations, les habitants.

L'intérêt d'intensifier les usages aussi dans les zones peu denses

L'intensification des usages dans les villes denses a quelque chose de logique, voire de naturel. Dans la série *À moi la nuit, toi le jour*, face à la crise du logement londonien, un infirmier de nuit et une web journaliste se lancent dans une coloc à mi-temps[57]. Il passe ses journées dans l'appartement, elle, ses nuits, et ils finissent par tomber amoureux. Dans cette série

57. Caroline Veunac, « *À moi la nuit, toi le jour* sur Paramount + : une charmante série romantique et immobilière », *Télérama*, 2023.

télévisée, l'intensification des usages — un peu caricaturalement poussée à l'extrême — est justifiée par le manque de logements abordables dans les grandes métropoles mondiales. Mais à bas les clichés ! Il n'y a pas que les grandes villes qui sont concernées par l'intensification des usages. Dans les zones rurales et les petites villes aussi, elle a de nombreux intérêts. Tout d'abord, celui de parvenir à satisfaire un besoin dans un environnement disposant de moyens et de ressources limitées[58]. Aucun cinéma dans telle intercommunalité, aucun musée ni lieu d'exposition dans tel autre, pas de piscine ou de terrain de tennis ici, ni de point d'accès au numérique et à une imprimante là, etc. La fracture territoriale n'est pas un mythe. Elle illustre une réalité d'inégalités entre les territoires d'une France à plusieurs vitesses. Surtout, le manque de services publics accentue encore le sentiment d'abandon de l'État. Dans ces territoires, des lieux non dédiés pourraient être utilisés pour répondre à des besoins non satisfaits. Il ne faut rien s'interdire. Écoles, mairie, Ehpad, hôtels, villages de vacances, bases de loisirs, entreprises ou autres pourraient, par exemple, facilement accueillir un autre public ou d'autres usages le temps de quelques heures, d'un week-end, ou de plusieurs semaines et offrir ainsi de nouveaux services aux habitants des territoires moins pourvus. C'est l'hôtel cossu du coin qui ouvre

58. Dossier Construction 21, « Intensifier les usages dans les petites et moyennes villes : intérêts et méthodes », Laurane Jeanjean, 2023.

sa piscine aux petits élèves de l'école d'à côté pour qu'ils apprennent à nager. C'est encore l'école qui, cette fois, ouvre ses portes et accueille dans son préau le spectacle ouvert à tous d'une troupe de théâtre itinérante qui réalise une résidence d'artistes dans un club de vacances non utilisé hors saison. Ou pourquoi pas une entreprise locale qui propose dans son hall d'accueil l'utilisation ponctuelle d'un poste informatique aux personnes qui ne sont pas équipées afin de réduire la fracture numérique, etc.

Et cela se pratique déjà dans certains endroits. Si seulement on arrivait à généraliser ce type d'initiatives ! Des exemples il y en a. Celui-ci, compte tenu de la célébrité de son protagoniste, a fait les gros titres : en Haute-Loire, l'école Saint-Joseph n'a pas la possibilité de bénéficier d'une cuisine centrale municipale mais ne veut pas pour autant rogner sur la qualité des produits et des repas servis aux enfants et donc être contrainte de se fournir auprès de grands groupes industriels de restauration scolaire. Chaque midi, c'est ainsi dans une salle d'un hôtel dont le propriétaire n'est autre que le chef triplement étoilé Régis Marcon, que les enfants de l'école se retrouvent dorénavant pour prendre leur repas. Une jolie histoire qui pourrait faire des émules. On le sait, les finances des collectivités sont limitées : ces dernières n'ont pas toujours les moyens de construire un équipement public qui serait pourtant nécessaire à leurs administrés. La mutualisation peut se révéler forte utile dans ces conditions.

L'hybridation aussi : sur l'île de Noirmoutier, l'école Saint-Philbert se transforme le temps de l'été en location de vacances, comme le relate le journaliste Emmanuel Moreau dans un podcast pour Radio France. « Les familles aux revenus modestes peuvent s'offrir une semaine à la mer en logeant dans les salles de classe spécialement réaménagées. Huit classes sont ainsi équipées, chacune avec six couchages. » Ce sont les parents d'élèves qui transforment les espaces, montent les bureaux au grenier, redescendent des matelas, de la vaisselle, de l'électroménager afin d'équiper confortablement chacune des huit classes. Ces hébergements insolites sont peu onéreux pour les locataires estivaux, et l'argent récolté permet « d'alléger la contribution scolaire des familles et de financer une partie des activités de l'année ».

Et même loin des grandes métropoles, dans des zones peu denses, l'intensité d'usage peut rapprocher les hommes. Comment se rencontrer et faire société dans les campagnes quand on ne va plus à la messe et que le café du village a fermé ? L'intensification des usages peut contribuer à recréer des espaces de convivialité, de sociabilité, si importants pour continuer à vivre ensemble.

Un mouvement est en marche. On observe ainsi que les tiers-lieux ont conquis les campagnes. Aujourd'hui, plus de 60 % de ceux qui se créent s'implantent en dehors des métropoles, selon France tiers-lieux. Et c'est tant mieux, car c'est tout à fait pertinent en termes de développement socio-économique. Peinant à camoufler la disparition des services publics dans certains territoires, l'État s'est saisi fort opportunément de ce réseau. Car pour la puissance publique, les tiers-lieux aujourd'hui — comme, je le crois, l'intensification des usages demain — sont autant d'opportunités de redéploiement des services publics dans ces territoires : points d'accès au numérique, bibliothèques, maisons de services au public, missions locales, etc. Inventons une nouvelle façon de redéployer partout les services publics mis à mal dans des lieux hybrides et intenses. Dans cette idée, « en Nouvelle-Aquitaine, 6 % des tiers-lieux gèrent déjà au moins un service public, comme La Palette, à Dun-le-Palestel (Creuse), qui accompagne les habitants dans leurs démarches auprès de l'administration. Au carrefour des vallées de l'Aisne et de l'Oise, un tiers lieu, L'Hermitage, accueille ainsi un guichet de services publics, une prestation parmi beaucoup d'autres », relatent les journalistes Frédéric Karpyta, Adélaïde Robault et Isabelle Verbaere[59] dans un article de presse. Les tiers-lieux comme l'intensification des usages peuvent nourrir la cohésion des territoires. Nous devons encourager leur déploiement partout où c'est possible.

---

59. « Campagne : l'essor des tiers-lieux », *Ça m'intéresse*, 2020.

Le rôle prépondérant de la puissance publique

Les pouvoirs publics, au premier rang desquels les élus locaux, ont un rôle majeur à jouer dans le combat pour intensifier les usages de nos bâtiments et de nos espaces. D'abord parce qu'ils se doivent de montrer l'exemple et parce qu'il est aussi plus simple pour eux d'avancer sur ce sujet. Ils exercent un rôle de coordination et d'orientation générales des acteurs dans les territoires et ont de nombreux moyens d'action comme des compétences et des outils directs, indirects ou de coordination dans le domaine de l'urbanisme, et la gestion de services publics.

L'intensité d'usage dans le patrimoine public

Zoomons sur la question de l'intensification des usages dans le patrimoine public. La puissance publique a bien sûr la maîtrise de ses politiques internes, notamment la construction, la rénovation et la gestion de son propre patrimoine. Un « patrimoine commun » — comme j'aime à l'appeler — sur lequel elle a les mains libres. Pas forcément les poches pleines mais les mains libres. Et quel patrimoine ! L'État (et ses opérateurs) occupe à ce jour près de 99 millions de mètres carrés en France et à l'étranger. 191 000 bâtiments très hétérogènes (bureaux, logements, laboratoires, monuments historiques, institutions, enseignement...) pour une valeur estimée en 2018 à 62,6 milliards d'euros. Mais ce patrimoine a aussi un coût carbone : 2,6 millions de tonnes équivalent CO_2 par an en émissions de gaz à effet de serre.

Il y a eu pour l'État « un avant et un après » Covid s'agissant du télétravail qui y est aujourd'hui massif. À la Direction générale des Finances publiques, par exemple, on comptait auparavant 1 à 2 % de télétravailleurs, on en dénombre aujourd'hui 40 %. Pour s'adapter, l'État a dû rendre ses procédures « télétravaillables » et équiper ses agents. L'État veut maintenant réfléchir à la manière d'optimiser son empreinte immobilière grâce au télétravail. Pour Alain Resplandy-Bernard, directeur de l'immobilier de l'État[60] : « Il n'y aura pas de stratégie nationale de décarbonation sans une action de l'État sur son immobilier. Pour cela, plusieurs volets : on travaille sur les usages (promotion des 19 degrés l'hiver et des 26 degrés l'été). C'est un énorme vecteur de transition environnementale, auquel on ajoute l'exploitation des bâtiments. Avec ces deux volets, on estime pouvoir faire 40 % d'efforts. Pour les 60 % restants, il faut investir dans les bâtiments, les isoler, améliorer leur pilotage technique. Cela coûte très cher. C'est un véritable mur d'investissement : des dizaines de milliards d'euros d'ici 2050. Et cela ne sera finançable que si en même temps, massivement, on réduit le nombre de mètres carrés que l'État occupe.

60. Interview réalisée par SFL pour Paris Workplace, 2023.

Ce n'est pas une spécificité française, c'est un mouvement général dans tous les pays. » La loi fédérale sur l'immobilier (bureaux) au Canada va ainsi, par exemple, permettre de diviser par deux le nombre de mètres carrés dans les années à venir pour pouvoir investir dans ceux restants et réduire son empreinte énergétique. Pour Alain Resplandy-Bernard, la mise en vente d'une partie du patrimoine de l'État participera à la sobriété foncière car ses mètres carrés de bureaux serviront à d'autres utilisateurs, ils seront transformés en logements ou en espaces « renaturés ». Surtout, l'État va devoir mener une politique anti-gaspillage de ses mètres carrés et intensifier l'usage des lieux qu'il entend continuer à exploiter.

Comme l'État, toutes les collectivités possèdent aussi des bâtiments ou des terrains partout sur notre territoire. Il est donc crucial que la puissance publique montre l'exemple et je me réjouis en particulier que la DIE comme la Ville de Paris travaillent activement dans notre groupement public/privé.

Un autre point intéressant : intensifier les usages est plus facile à mettre en œuvre dans les équipements publics. Ceux-ci présentent en effet, par nature, les caractéristiques intrinsèques qui le permettent : ils sont aptes à recevoir du public, aussi bien en termes d'aménagement, de sécurité que d'accessibilité et leur utilisation par des tiers est juridiquement possible et bien encadrée[61]. Alors plus d'excuses et fonçons ! La Ville de Paris décrit les différentes étapes à suivre pour améliorer l'utilisation de ses équipements dans un guide interne : « La première d'entre elles est de repérer l'ensemble des équipements, locaux et salles particulièrement adaptés à une utilisation en multi-usage, notamment parce qu'ils sont déjà conçus pour accueillir le public, mais aussi parce que certains le pratiquent déjà mais de manière timide.

La deuxième étape : analyser, dans les faits et sur le terrain, l'utilisation existante de ces locaux pour déterminer leur potentiel de multi-usage. Une fois bien identifiés les créneaux horaires libres dans les espaces disponibles, il faut s'assurer que les conditions d'accueil des locaux soient conformes à la réglementation ERP et aux règles de sécurité incendie, ce qui est généralement le cas dans les établissements qui accueillent déjà du public. Il faut ensuite régler les questions très concrètes des modalités d'ouverture et de fermeture, ainsi que celles du gardiennage comme du nettoyage. Il convient d'encadrer cet accueil par des décisions de l'assemblée délibérante de la collectivité. Il en est de même pour la fixation des tarifs d'occupation, nécessaire en raison des coûts supplémentaires induits par l'utilisation d'un

---

61. Dossier Construction 21, « Paris modèlise et développe le multi-usage de ses équipements », Jean-François Meira, 2023.

équipement par des tiers (électricité, fluides, chauffage, etc.). L'hébergement d'activités annexes en multi-usage, enfin, doit être strictement encadré par une convention d'occupation du domaine public ou une autorisation d'occupation temporaire signée entre la collectivité et l'association concernée. Cette convention précise les droits et obligations de l'occupant, qui doit être assuré à cet effet, et peut également indiquer les modalités d'usage (la question des accès, du nettoyage, ou de l'utilisation du matériel en place). »

L'élu prescripteur

En ce qui concerne l'intensification des usages, l'élu est, à n'en pas douter, prescripteur. C'est d'ailleurs bien le maire qui délivre les permis de construire (PC). Le nombre d'enregistrement et de délivrance de PC connaît actuellement une baisse significative. Cette baisse, qui inquiète la profession, ne peut être mise au crédit (ou au débit, c'est selon) que de certains maires qui seraient « des écologistes dogmatiques ». La crise du logement mais aussi la lutte contre l'étalement urbain et ses conséquences néfastes ont largement inondé le débat public. La hausse des taux d'intérêt, l'explosion des coûts, les attentes des habitants ou encore la rareté des ressources entravent la fabrique de la ville et les édiles dans le dépôt et la délivrance de nouveaux permis de construire. Dans plusieurs départements, des maires ont, par exemple, décidé d'arrêter de délivrer les PC sur plusieurs années, n'étant pas en mesure de garantir l'approvisionnement en eau des nouvelles habitations. Une chose est sûre, s'agissant d'aménagement urbain, le maire est un personnage puissant. Et si, s'appuyant sur cette force, les élus encourageaient l'intensification des usages de leur territoire simplement en en faisant un critère ?

Rien que par leur simple volonté, dans certains territoires attractifs, des élus prescripteurs peuvent encourager le privé à développer de nouveaux modèles *via*, par exemple, des appels à projets urbains innovants (APUI). À l'heure de l'urbanisme négocié, dans un contexte tendu de mise en œuvre du ZAN, les APUI marquent une évolution des rapports public/privé. Pour l'Institut Paris Région, qui a creusé ce sujet[62], « ils ont permis, à un moment charnière, de changer la façon de travailler des promoteurs. La recherche d'innovation les a poussés à des évolutions techniques, organisationnelles et programmatiques ». Pour sélectionner le meilleur projet pour un terrain à céder, cette méthode consiste à organiser une concurrence entre opérateurs et à établir « des critères de sélection portant sur la qualité des projets et leur innovation ». Néanmoins, le bilan des APUI lancés est inégal et a montré qu'ils ne sont pas une réponse adaptée à tous les types de projets. Pour l'Institut Paris Région, « la réussite des projets

---

62. L'institut Paris Région, « Faire la ville par appels à projets », 2023.

issus des APUI et leur exemplarité dépendent toujours de l'implication et du savoir-faire des collectivités ». C'est une leçon à tirer pour cet outil qui peut être un dispositif pertinent au service du déploiement de l'intensification des usages de nos territoires.

Quoi qu'il en soit, il revient aux élus bâtisseurs d'encourager la construction de bâtiments évolutifs, capables de changer d'usage sans nécessité de déconstruire. À eux aussi de faire intégrer systématiquement le partage d'espaces dans des opérations pensées *par* — car *pour* — leurs habitants. Parce qu'il est temps de passer d'une croissance du parc immobilier à celle de son utilisation, construisons moins mais mieux et surtout plus utile et exigeons une intensité d'usage exemplaire et des bâtiments réversibles. Pour cela, aux élus d'adapter par exemple leurs documents d'urbanisme pour les rendre plus opérants. « Au niveau national en 2024, 25423 communes étaient couvertes par un document d'urbanisme » (M. Bocquet, Cerema), et la durée moyenne d'élaboration d'un tel document est comprise entre 4 et 5 ans. La rapidité des mutations technologiques, sociétales, environnementales ou encore économiques vient en décalage avec le rythme d'élaboration et de mise en œuvre de ces documents qui deviennent presque déjà en partie obsolètes à peine votés par la collectivité. Une certaine « souplesse », ou marge de manœuvre, devient dès lors essentielle pour ne pas se retrouver enfermé dans une vision figée, trop rapidement

« dépassée » ou « périmée » au regard des défis urbains galopants auxquels nous sommes confrontés. Nos textes cadres doivent pouvoir appréhender les nouveaux usages avec toute la liberté nécessaire. Car en matière d'urbanisme comme ailleurs, la vérité n'est pas absolue et unique. Avec des documents d'urbanisme comme les PLU, une collectivité définit d'abord ce à quoi elle tient et qui est opposable aux tiers — les droits à construire, leur programmation, l'ambition des projets. En somme, ce sur quoi elle ne négociera pas. Mais elle doit pouvoir laisser une part adaptable au contexte. Souvent les élus pour protéger leur ville sont amenés à « sur-préciser » leurs ambitions au risque de s'y enfermer, et finalement paradoxalement nuire au but qu'ils cherchent à atteindre — à savoir l'avènement d'une ville désirable et inclusive. Bien sûr, les « techniciens » n'échappent pas à cette tendance à la « sur-précision ».

Aux élus aussi de faire établir des documents d'urbanisme temporel. Ces documents sont essentiels car en dépit de l'existence de « grandes références » que nous partageons tous en matière d'organisation des temps (jours/nuits, temps scolaire, horaires classiques de bureau, week-end, etc.), chaque territoire possède son propre rythme. Il faut pouvoir le connaître pour savoir l'optimiser et améliorer la vie de tous (meilleure gestion des ressources et des flux, résorption de certaines situations de conflit, amélioration de l'accès à certains services, etc.)[63]. Comme il est essentiel aussi de connaître l'intensité d'usage réelle de nos différents espaces. Changeons les regards de celles et ceux qui vivent et fabriquent la ville. Pour cela, il nous faut nécessairement engager de nouvelles représentations urbaines (en créant par exemple des cartographies des usages et des temps, etc.) pour donner la possibilité à de nouvelles manières de concevoir nos territoires d'émerger enfin.

Le contexte nous pousse à être inventifs pour favoriser la ville durable. Parce que la mobilisation des pouvoirs publics et en particulier des collectivités locales est un moteur puissant, j'ai commencé à fédérer un réseau des collectivités volontaires pour accélérer le mouvement et intensifier les usages de leurs territoires. Ce réseau se veut être une structure de dialogue entre les collectivités qui vise à partager les expériences, les bonnes pratiques, les expertises, animer des rencontres et porter la voix des collectivités auprès de l'État pour permettre des évolutions facilitant l'intensification des usages partout et par tous.

Pour véritablement engager « la révolution » des usages des mètres carrés de nos villes, il faudra assumer un choix politique clair avec une stratégie d'ensemble sur le territoire tout en mettant rapidement en place des premières actions galvanisatrices.

---

63. Le réseau Tempo territorial a recensé plusieurs initiatives à retrouver en ligne https://tempoterritorial.fr/wp-content/uploads/2016/12/GuideInteractif.pdf

Dix-sept commandements pour un usage intense de nos villes

Voici d'ores et déjà ici dix-sept commandements à destination des élus récapitulant les « cases à cocher » pour intensifier les usages des mètres carrés de nos villes.

Dans l'organisation de ta collectivité,

- les horaires d'activités des équipements de ton patrimoine tu recenseras et un catalogue du patrimoine à intensifier tu réaliseras ;
- une délibération autorisant le prêt ou la location de ces espaces en dehors des heures classiques d'utilisation tu feras voter ;
- un bilan de l'utilisation de tes équipements publics tu réaliseras et au public tu le communiqueras ;
- un « maître des horloges » de ta collectivité tu nommeras et, au cœur de ton administration, le « bureau des temps » tu placeras ;
- une partie de ton budget dans le lien social tu investiras ;
- ton administration au gaspillage immobilier tu sensibiliseras et à l'intensification des usages tu formeras ;
- le traitement des projets de ton territoire au prisme de l'interdisciplinarité tu encourageras ;

Pour l’aménagement de ton territoire,

- une cartographie temporelle de ton territoire tu établiras ;
- les documents de planification de ta collectivité tu adopteras ou réviseras en y intégrant la notion d’intensité d’usage ;
- le recours à l’urbanisme transitoire dès que tu le pourras tu systématiseras ;
- les friches en espaces utiles à l’échelle locale et territoriale tu reconvertiras ;
- un taux maximal de résidences secondaires sur ton territoire tu fixeras et la prolifération des meublés touristiques tu encadreras. Les parcours résidentiels en lien avec la sobriété foncière tu favoriseras et le développement de projets d’habitats participatifs tu accompagneras ;
- la construction d’immeubles réversibles et l’élaboration de programmes mixtes tu favoriseras ;
- le recours à la « programmation ouverte » pour co-construire la ville tu encourageras et les réflexions basées sur l’expérience quotidienne du terrain tu promouvras. Le droit à l’expérimentation tu revendiqueras ;
- la « remise en état environnementale » (bâti démontable, par exemple) tu valoriseras ;
- aux espaces publics (trottoirs, places, etc.), ainsi qu’aux pieds d’immeubles, jardins, cours et cœurs d’îlot, un usage tu redonneras ;
- partout, sur ton territoire, les tiers-lieux tu généraliseras et feras essaimer.

CONCLUSION

2060, la France s'est intensifiée. Une intensification joyeuse. Pragmatique aussi. On est dorénavant heureux de vivre en ville. Et tout aussi heureux à la campagne car on y trouve presque autant de services que dans nos grandes métropoles. Partout, l'intensité d'usage est devenue un mantra. On continue à réhabiliter massivement et parfois même à construire, mais à chaque fois on pense les espaces autrement. C'est à celui qui imaginera le lieu le plus intense, bardé de tout un tas d'activités et de services qui se succèdent selon les heures, les jours, les semaines ou les périodes de l'année. Dans nos bâtiments comme dans nos espaces publics, tout est dorénavant modulable et l'on ne trouve jamais deux fois les mêmes activités dans les salles partagées comme dans « les rues aux habitants ». On mixe les publics, et cette « biodiversité humaine » se rencontre et s'entrecroise dans une cacophonie joyeuse. On vient de finir le Grand Plan National d'Intensification, de

Mutualisation et d'Hybridation Urbaine, le fameux GPNIMHU. Les bâtiments largement intensifiés ont permis de « re-naturer » un tiers de la capitale pour y développer des jardins et des forêts urbaines. Chaque quartier possède dorénavant sa ferme et les enfants vont à nouveau chercher le lait le matin à pied avec leur bouteille consignée. Les habitants interagissent et s'entraident. Tout le monde met la « main à la pâte » de cette ville intense et hautement relationnelle. Grâce à l'intensification des usages, les rues sont plus sûres et plus propres. Chacun prend soin de « son » patrimoine commun. Demain on inaugure le « Musée du partage » qui retrace l'épopée de la « révolution postmatérielle ». On attend cela avec impatience. Il paraît même qu'on y verra exposés les premiers modèles de vélos en libre-service et des « spécimens » du tout premier « tiers-lieux » français avec des témoignages inédits de ces pionniers de l'intensification des usages.

Demain nous appartient, et donner une réalité à cette utopie est à notre portée.

Nous sommes aujourd'hui à la croisée des chemins. Nous devons vivre autrement. Nous pouvons le faire. Sans que cela nous coûte trop et en prenant soin les uns des autres. En comblant les trous et en retissant les liens. L'intensité d'usage est résolument un projet de société qui doit devenir un projet politique. Il nous faudra agir sans trembler et assumer l'exigence sociale, économique, environnementale et politique d'un tel projet.

Chers lecteurs,

Ouvrez les yeux. Regardez autour de vous, autrement.

Et imaginez. Inventez, rêvez la façon dont dorénavant vous voudriez vivre les espaces que vous fréquentez.

Le temps est venu de s'émanciper de nos réflexes psychologiques et culturels pour aller vers une autre façon d'utiliser nos espaces. Le temps est venu de regarder autrement l'utilisation des mètres carrés que chacun de nous fréquente et d'inventer une nouvelle façon de les vivre, ensemble.

Aux citoyens déterminés de porter les grands changements de société, votre prise de conscience peut tout changer. Elle doit permettre la prise d'initiative citoyenne et créer l'engouement, l'emballement qui permettra demain l'ouverture du marché et la mobilisation de la puissance publique. Sans un changement profond de paradigme et d'état d'esprit, rien ne sera possible.

À tous les élus, les décideurs, les propriétaires, les locataires, les gestionnaires. À tous les ruraux comme les citadins, à tous les petits comme les grands citoyens, je lance un appel.

Ouvrez les yeux. Regardez autour de vous, autrement.

Et agissons ! Les clés sont à portée de nos mains.

GLOSSAIRE

gaspillage immobilier : se caractérise d'abord par les espaces laissés vacants, ou les espaces abandonnés qui ont été construits et ont fait l'objet d'une activité. De manière moins évidente, le gaspillage immobilier concerne aussi les bâtiments exploités en dessous de leur capacité d'occupation et/ou d'utilisation durant certaines heures du jour mais aussi la nuit et/ou durant certaines périodes de l'année, comme les vacances scolaires. Cette sous-utilisation et ces « temps morts » sont pourtant autant d'opportunités pour accueillir plus d'usages sans devoir construire.

intensité d'usage ou intensité des usages : caractérisation du taux d'usage d'un bâtiment ou d'un espace.

intensification des usages : fait d'augmenter le taux d'utilisation (c'est-à-dire la part du temps pendant laquelle le lieu est utilisé) et/ou le taux d'occupation d'un espace (c'est-à-dire la part des personnes présentes sur un site à un instant donné). L'hybridation, la mutualisation, la chronotopie ou encore la réversibilité sont quelques-uns des grands leviers qui permettent d'intensifier les usages des bâtiments et des espaces.

hybridation : consiste à utiliser un espace pour plusieurs usages (exemple : une salle de classe qui devient salle de sport le soir pour les riverains).

mutualisation : vise à partager un même espace entre plusieurs usagers (exemple : le nouveau bâtiment d'enseignement mutualisé partagé entre sept établissements d'enseignement supérieur et de recherche à Saclay).

chronotopie : implique de penser l'usage des espaces en fonction des temporalités suivantes :
– de la journée (matin, midi, après-midi, soirée, nuit) ;
– de la semaine (lundi à vendredi, week-ends) ;
– de l'année (saisons, vacances scolaires).
(exemple : la place du village qui s'adapte pour accueillir, en fonction des moments de la journée, de la semaine ou de l'année, un parking, le marché alimentaire, une brocante, le cirque itinérant, un bal populaire, les vœux du maire, etc.).

réversibilité : capacité d'un lieu à muter dans le temps pour accueillir d'autres usages. Pour concevoir un immeuble réversible, il faut anticiper sur les usages à venir pour faciliter la future transformation du bâtiment (exemple : un bâtiment de bureau transformé en logements).

chrono-urbanisme : consiste à penser la ville non pas seulement à partir de l'espace, mais aussi à partir du temps, de manière chronotopique.

BIBLIOGRAPHIE

Ouvrages

Nadia Arab, Yoan Miot, *La Ville inoccupée. Enjeux et défis des espaces urbains vacants*, Éditions Presse des Ponts, 2021.

Manola Antonioli, Guillaume Drevon, Luc Gwiazdzinski, Vincent Kaufmann, Luca Pattaroni, *Manifeste pour une politique des rythmes*, APFL Press, 2021.

Jean-Louis Borloo, *Vivre ensemble, vivre en grand. Pour une réconciliation nationale*, rapport, 2018.

Franck Boutté, *L'Urbanisme, vecteur de transitions*, Éditions Parenthèses, 2022.

Sylvain Grisot, *Manifeste pour un urbanisme circulaire*, Éditions Apogée, 2021.

Razzy Hammadi, *10 défis urbains pour la France de 2030*, Éditions L'Archipel, 2022.

Marc Held, *Rêvons d'une autre ville*, Éditions Parenthèses, 2022.

Sonia Lavadinho, *La Ville relationnelle. Les sept figures*, Éditions Apogée, 2024.

Christine Leconte, Sylvain Grisot (2022), *Réparons la ville !*, Éditions Apogée, 2022.

Olivier Marin, *L'Urbanisme demain. La ville bouge et se transforme*, Éditions Apogée, 2023.

Selva & Mauguin, « Atlas du foncier invisible », document pdf, 2024.

Camille Mialot, *La ville face au changement climatique*, Éditions Berger-Levrault, 2020.

Jana Revedin (dir.), *Construire avec l'immatériel*, Éditions Manifestô, 2018.

Dominique Royoux, Patrick Vassallo, *Le Temps, un bien commun*, Éditions Le Cavalier Bleu, 2023.

Franck Scherrer (dir), *Vivre, territoires, réversibilités*, Éditions Hermann, 2013.

Martin Vanier (2024), *Le Temps des liens*, Éditions de l'Aube, 2024.

Utopia, *Propriété et communs. Idées reçues et propositions*, Éditions Utopia, 2017.

Dossiers

Bouygues Construction, *Espaces hybrides, villes en transition*, Cahiers de tendances # 9, 2021.

Bouygues Construction, *Tisser des liens, pour des territoires conviviaux, solidaires et inclusifs*, Cahiers de tendances # 12, 2024.

Canal Architecture, *Construire réversible à Bordeaux*, 2022.

CEREMA, « Intensifier les usages des bâtiments : d'une pratique marginale à une démarche de bon sens ? », 2023.

Construction 21, « Dossier – Intensifier les usages des mètres carrés de nos villes », 2023.

L'ObSoCo, « L'Observatoire des usages et représentations des territoires », septembre 2023.

Réseaux et initiatives

Millénaire 3

Tempo territorial

Ville et territoire et aménagement durable

TABLE DES MATIÈRES

Remerciements

Merci à ma famille et mes amis pour leur soutien.

Un grand merci à mon éditeur, Antoine Cam, et son équipe, Nathalie Richard et Laure Bombail, pour leur écoute et leur patience,

Jean-Louis Borloo, pour ses mots,

Michèle Raunet et Raphaël Leonetti, pour leur contribution,

Sylvain Grisot, pour nos échanges toujours inspirants et sa relecture attentive,

Olivier Marin, pour sa bienveillance et ses émissions et écrits inspirants,

Vincent Aurez, pour son témoignage,

Virginie Alonzi et Sylvie Gamelin.

Merci aux acteurs publics comme privés qui s'engagent dans ce combat.

Merci enfin à la Fondation Palladio, Méka Brunel, Bertrand de Feydeau, d'avoir imaginé et donné vie à l'Université de la Ville de Demain.

Conception graphique pages intérieures et couverture :
Laure Bombail

Photographie en couverture : Sébastien Deslandes

Coordination éditoriale et mise en page :
Nathalie Richard

Éditions Apogée
contact@editions-apogee.com
www.editions-apogee.com

Publié avec le soutien de la Fondation Jean-Jaurès

Fondation
Jean Jaurès

Achevé d'imprimer en octobre 2024
sur les presses de Sepec numérique

Dépôt légal : septembre 2024
Imprimé en France

PEFC
10-31-3532